fjara

Strand ohne Meer

von
M. PREUßENTANZ

© 2021 Martin Preußentanz
Umschlag, Illustration: Martin Preußentanz
Lektorat, Korrektorat: Franziska Brandt

Verlag & Druck: tredition GmbH, Halenreie 40-44, 22359 Hamburg

ISBN
Paperback   978-3-347-37342-6
Hardcover   978-3-347-37343-3
e-Book   978-3-347-37344-0

„Wenn es also der Abwesenheit des Nichts mangelt, dann muß das Nichts (erneut) aufs Spiel gesetzt bzw. wieder ins Spiel gebracht werden, auf die Gefahr einer unablässigen internen Katastrophe hin."

J. Baudrillard

Alex' Errettung

Alex gehört nicht in die Welt. Schon von vornherein soll dieser Missstand zum Verhängnis seines Lebens werden, immer an den Rand gespült zu werden. So muss er das Stranden selbst erwählen – ja ihn, den Strand, sogar zum Schutzpatron ausrufen, aber zugleich als Mahnmal ewiger Versagung annehmen. All dies muss geschehen – ja, um was eigentlich? – Antworten zu können.

Dem kleinen Alex ist elendig zumute. Er liegt mitten in der Nacht zitternd in seinem zu groß geratenem Kinderbett. Er weiß in seiner Not überhaupt nicht wohin mit sich, rollt sich unentwegt von einer Seite auf die andere und versucht schließlich sich zusammenzukrümmen und alle Glieder ganz nah an sich zu ziehen. Er möchte sich zusammenballen, um dem Schmerz möglichst wenig Angriffsfläche zu geben. Er presst seine Arme mit aller Kraft überkreuz gegen seinen Brustkorb, um Nähe, ja ein Umarmen zu erzeugen, das so entschieden ausbleibt. Das Atmen fällt ihm schwer und er ist unfähig einen Ton herauszubringen oder gar zu heulen.

„Der Mensch…"

Oft noch wird sich Alex in dieser Situation wiederfinden: mutterseelenallein im unbeschreiblichen Elend. In dieser Nacht aber wird er sich zum ersten Mal von der Welt verstoßen, geradezu von ihr abgestoßen, fühlen, verdammt sich auf ewig erratisch zu winden und keinen Platz zu finden.

„…ist stumm."

Alex bekommt Panik, zappelt nun wie ein junger Fisch in Erwartung eines Endes, seines Todes, der sich aber gerade nicht einstellen will und Alex auf der Schwelle zwischen Leben und Tod *sterben* lässt: In rasender Verzweiflung, ohne ein Wort des Abschiedes, verharren zu müssen, wird Alex' Schicksal sein.

„Denn auch das Weinen sagt nicht, was wir meinen:"[1]

Der kleine Alex hockt draußen vor der Tür, vor dem Tor der Welt, in der Wüste, die keinen Namen hat und kein Ort ist. Ein riesiger Nebel zieht durch die karge, unwirkliche raue Landschaft. Er legt sich langsam, und so auch auf Alex, nieder. Der Nebel hüllt ihn ein, benetzt seine Lippen und Augen, worauf Alex bitterlich zu weinen anfangen darf – endlich. Alex weint und weint und zu seinen Füßen bildet sich eine große Pfütze, ein Teich, ein See. Im Wasser erblickt er vage, noch mit Tränen in den Augen, seine zerfließende Gestalt.

Das Wasser beginnt zu tosen und Wellen um ihn zu schlagen. Es zieht ihn langsam hinab und ebenso langsam könnte man meinen, Alex beginne sich aufzulösen, als auf einmal alles Nass von ihm abfällt und die trostlose Wüste unter ihm wieder zum Vorschein kommt.

Eine ehrfurchtsgebietende Stimme spricht zu Alex.

„Alex, du wirst hier nicht *sein* können."

Die Stimme wird traurig und redet wie zu sich selbst.

---

[1] Franz Werfel „Der Mensch ist stumm"

„Ich fürchte um Dich. – Herr, erbarme dich meiner, dass ich meiner Aufgabe bei diesem Kind nicht nachzukommen vermag. Halte deine schützende Hand über ihn und sei ihm gnädig. …und vergib mir meinen Frevel."
„Wer bist du?"

Nun wieder im ehrfürchtigen Ton.

„Ich bin Fjara, der ewige Strand. Tagsüber schwebe ich über allen Wassern und nachts ergieße ich mich hier draußen in der Wüste zu einem Meer, vor den Toren der Welt spüle ich alles hinfort und lasse Erinnerungen wieder zu Ideen gerinnen.
Du musst fort von hier."
„Aber ich weiß nicht wohin."

Unter Tränen und großer Verzweiflung.

„Bleibe bei mir. Bitte bleibe bei mir. Verlasse mich nicht."

Fjara zögert kurz. Sie braucht einen Moment, um ihren Mut zusammenzunehmen.

„Höre Alex, heute werde ich dich auslassen.
Solange du an mir festhältst, werde ich bleiben und dich begleiten. Aber sei gewarnt: Ebenso lange wirst du immer wieder in dieser Wüste landen."
„Ich danke dir, gütige Fjara, ewiger Strand. Ich verspreche, dich nie zu vergessen und immer von dir zu träumen."
„So wird es geschehen."

Alex wacht schweißgebadet auf und kann sich an nichts erinnern. Gleichwohl glüht eine tiefe Geborgenheit in seinem Herzen nach. Er möchte sie unbedingt festhalten, aber dann entfleucht sie ihm. Genauso fühlt er sich jemanden hingebungsvoll verbunden, vernimmt noch das Echo eines bedeutsamen Kennenlernens, aber in seinem Geist bleibt es nebulös und keine Gestalt, kein Adressat lässt sich ausmachen für seine Liebe.

Fjara fällt vor Glück aus allen Wolken in den geistigen Äther Alex' Unbewusstseins. Dort wird sie bald, im Gewahrwerden der Schlechtigkeit Alex', die Trennung vom Himmel als unaushaltbar schmerzlich empfinden und sich nach Hause sehnen.

Aber wie kann sie einen Menschen, der so unempfänglich ist für seine Erlösung, diese trotzdem zuteilwerden lassen, um wieder zurückkehren zu dürfen?[2]

Askjell mag nichts Süßes

Als ich vor meiner Geburt wachte, saß ich auf der Klippe einer Landzunge, die weit ins Offene reichte. Vielleicht habe ich mir das auch nur eingebildet, weil meine Eltern mich Askjell genannt haben. Selbst war ich noch nie in Norwegen. Mein Vater war Profi-Gamer und hat den erstbesten nordischen Namen zu seinem Pseudonym gemacht, den er finden konnte: Askjell. Der „Gott

---

[2] „Ja, dumm gelaufen" denkt sich Fjara und ist entsetzt über ihr Alter bzw. die damit verbundene konservative Haltung. Sie hatte ganz vergessen, dass sich die Menschen inzwischen richtig mies und böse benehmen können, ohne dass es zu einem globalen Reset à la Sintflut, Schwefelregen, Klimawandel oder Pandemien kommt. Der Regenbogenkontrakt und die entsprechenden Dienstanweisungen sagten ihr noch nie zu (Vgl. Bibel, Genesis 8, 21). Bevor sich Fjara für den sicheren Job bei der astralen Müllabfuhr entschied, lernte sie in der Ausbildung zusammen mit den künftigen Todesbotinnen. Sämtliche Winkelzüge der Traumatabeschwörung, Erzeugung von Wunsch- und Wahnvorstellungen sowie die Herbeiführung von Epiphanien und Dissoziationsstörungen hatte sie mit ihnen eingeübt. Nie hätte sie geglaubt, diesen öden Kram tatsächlich einmal zu brauchen.

des Kessels" – nicht gerade furchteinflößend. Was mich betrifft, verbinde ich damit „Ask for jells", was wenigstens meiner Neigung zu aller Art von Gelatine gerecht wird. Gummibärchen & Co. sind dann aber auch die einzigen Süßigkeiten, die ich mag. Als kleiner Junge wurde mit mir dieser typische Geduldstest durchgeführt, in dem man einem Kind ein Stück Schokolade hinlegt und es mit der Ansage allein lässt, dass es noch eins bekommt, wenn es so lange wartet bis man wieder da ist. Ich hatte die Schokolade natürlich nicht angerührt und die Testleiterin war schier begeistert von mir. Denn Kindern mit einer derartigen Impulskontrolle sagt die Wissenschaft nachweisbar eine blendende, erfolgreiche Zukunft voraus. Als ich nun aber auch nach dem Test die Süßigkeiten nicht anrührte, also nachdem man mir mehrfach und ausdrücklich mitteilte, dass ich dies ruhig machen könnte, schwenkte die Euphorie schnell in Bedauern um. Man war nun der Meinung, dass ich wohl etwas zurückgeblieben war und die Welt um mich nicht altersgemäß wahrnehmen und verstehen würde. Mit diesem Urteil wurde ich wieder meiner Mutter übergeben. All meine kindliche Naivität, Fröhlichkeit, meine Begeisterung für den Nächsten und Neugier auf die Welt hatte von nun an den Beigeschmack des Debilen. Passiert!

Mit der Abneigung gegen Süßes war umgekehrt eine Vorliebe für Bitteres und Herbes verbunden. Deswegen hätte mir auch schon früh in der Pubertät das Bier und der Kaffee geschmeckt. Menschen mit meinen Präferenzen sagt man ja den Hang zum Psychotischen nach. Da frag ich mich natürlich, auf welche seelischen Konstitutionen andere Geschmäcker hinweisen. Sind Menschen, die Salziges mögen vielleicht tatsächlich schneller angefressen, also „salty"? Bei der Zahnarztausbildung wird man bestimmt zur Seite genommen und in den dentistischen Parawissenschaften unterrichtet. Charakter und Schicksal eines Patienten können so anhand der Zahnstellung und des Mundgeruchs orakelt werden. Das würde zwei große Geheimnisse der Menschheit erklären: Erstens, Zahnbegradigungen, wie sie inflationär nahezu bei jedem Kind durchgeführt werden, sind staatlich verordnete Anpassungsmaßnahmen – wohlmöglich manipulativer als Impfungen. Zweitens, erklärt dies die langen Wartezeiten, selbst wenn man so pünktlich kommt, wie es nur geht. Denn viele Patienten verfallen immer noch der Unsitte ihre Zähne vor dem Zahnarztbesuch besonders gründlich zu putzen, so als wöllten sie vor ihm glänzen oder von der schlechten Pflege ablenken. Deswegen muss man mindestens 1,5 – 2 Stunden im Vorraum hocken, damit sich dieser penetrante Minzgeruch der Zahnpasta legt und die Ärzte anhand der oralen Ausdünstungen sehr genau bestimmen können, mit welchen phlegmatischen, inkontinenten Neurotiker sie es gerade zu tun haben. Da fällt die Diagnose gleich viel leichter.

Seitdem ich die Dame an der Rezeption gleich mit einem überbreiten Lächeln meiner gammeligen und quasi regenbogenfarbenen Beißerchen begrüße und dabei schmerzvoll dreinblicke, setze ich mich sozusagen direkt auf den Behandlungsstuhl und gehe stets mit dem aktuellen „Wachturm" nach Hause.

Als ich also vor meiner Geburt wachte, saß ich auf dieser Klippe, die Beine baumelnd mit einer Angel in der Hand. Es war allerdings unmöglich etwas zu fangen, denn statt eines Meeres war die Anhöhe von Leere umgeben. Kein Nicht-Nichts, eher eine tiefblaue, ein wenig blauviolette, dunkle Leere, gleich einer besonnenen Stille. Die Atmosphäre war sanft und gelassen. Obwohl ich wusste, dass ich nichts fangen konnte, hielt ich das

Angeln in einer Art beruhigenden Fatalismus für genau das Richtige und war in froher Erwartung auf das Licht.

Und so gebar mich der Schoß dieser finsteren Fülle und auf einmal ging mich das Leben an.

Exkurs – Abwesenheit als Öffnung

„Hilf mir die Schichten abzutragen, die mein Herz verschließen." So möchte Askjell gerne beten, aber er hat Angst erhört zu werden. Was ist, wenn hinter den Verkrustungen nichts ist bzw. ihm die innere Lichtung inzwischen schon abhandengekommen ist, denkt sich Askjell. Sollte er angesichts dieser Gefahr trotzdem den Schritt in die Offenständigkeit wagen?

Dieses Mal ist Askjells Kummer besonders schlimm, denn das, was er sagen möchte, liegt ihm besonders am Herzen, aber ist womöglich nicht so einfach zu verstehen. Askjell befürchtet nämlich, dass es ihm und vielen anderen immer mehr an Abwesenheit mangelt. Und wo diese fehlt, stellt sich der rasende Stillstand, die Hypertrophie der Gesellschaft und das ewige Elend ein.

„Der Junge redet schon wieder wirr." Wenn Askjell davon erzählt, dann schauen ihn die Leute so an als hätte er Scheiße im Mund. Die fühlt er sogleich tief in der Kehle, wie sie sein Sprechen verunmöglicht und ihn nunmehr hilflos stammeln lässt. Und wenn er jemanden nach den eigenen Erfahrungen mit der Abwesenheit fragt, dann scheint demjenigen ganz unwohl zu werden, so als wolle man ihm den „Wachturm" andrehen oder sie denken schlicht, dass Askjell einer von diesen alten, verschrobenen Spinnern ist, die sich die Welt in absurden Szenarien ausmalen, bloß, dass Askjell etwas jünger ist. Vielleicht handelt es sich auch um eine seltsame Demenz oder Dissoziationsstörung, so als würden sein Handeln und sein Sprechen nicht zusammen am gleichen Ort sein.

Die Abwesenheit hat viele Namen, die untereinander nicht ohne Bedeutungsverschiebungen auskommen. So kann je nach Topos vom Mangel, der Unverfügbarkeit oder Leere gesprochen werden. Was sie allerdings gemeinsam haben, ist ihr negativer Charakter, ohne dabei Nichts zu sein, sondern sich als Formen evidenter Abwesenheit, die eindrücklich *nicht* da sind, erfahren lassen.[3]

Klassische Phänomene der Abwesenheit sind das Fremde, der radikal Andere, das Schöpferische und das Reale sowie das Subjekt, dass wir gerade nicht *sind*.

„Wie schön, dass du geboren bist, wir hätten dich sonst sehr vermisst."

Komisch, Kinder stören sich gar nicht an der unlogischen Implikation dieser wohlbekannten Geburtstagsliedzeile, nämlich, dass nicht existente Kinder vermisst werden können. Für Kinder scheint festzustehen, dass sie schon immer irgendwie dagewesen sein müssen. Ja, man möchte behaupten, dass sie noch über einen genuinen Zugang zu ihrer Voranfänglichkeit verfügen.

Bevor sie als Körper oder gar Bewusstsein da waren, wurde ihnen bereits ein Platz zugewiesen, den sie als Lücke – als Lichtung, die wir sind bzw. gerade *nicht* sind – schließen.

Vielleicht wissen Kinder insgeheim um das Primat der Relation vor den Relata. Als Erwachsene haben wir

---

[3] Eine ungenaue Übernahme von Husserl, der das Wesen des Fremden (für uns ein Spezialfall der Abwesenheit) als etwas beschreibt, dass sich durch die zuverlässige Zugänglichkeit seiner erfahrbaren Unzugänglichkeit auszeichnet. Es handelt sich also dezidiert nicht um ein Defizit, dass lediglich *noch nicht* da, aber prinzipiell erkennbar ist, sondern um eine wahrhafte Abwesenheit. (Vgl. B. Waldenfels „Phänomenologie des Eigenen und des Fremden" S.70)

wohl verlernt zu „vermissen", weil wir am „Ich" hängen und der Relationalität in ihrer eigentümlichen Unverfügbarkeit nicht mehr nachspüren können. Dieser Verlust an Vermissen kann als ausgezeichnetes Beispiel für die zunehmende Ermangelung an Abwesenheit dienen, die anfangs postuliert wurde.

Alex darf nicht sterben

Alex, weder Kind noch erwachsen, weiß wieder nicht wohin mit sich. Vollkommen verkatert nimmt er ziellos Klamotten aus dem Schrank und prügelt sie mit aller Gewalt in seinen alten Seesack, nur um sich dann auf diesen zu legen und zu versacken. So wie Alex dort liegt, kann man sich nur schwer vorstellen, dass er je wieder gerade und aufrecht wird stehen können. Aber das ist alles okay so. Alex fragt sich, an welchen Ort er gehen sollte, er würde sich doch nirgendwo angenommen fühlen. Es gibt für ihn einfach kein Zuhause und keine Heimat, zu der er wenigstens zurückkehren könnte.

Dieses Gefühl, um einen Platz in der Welt betrogen worden zu sein, kannte Alex sehr gut. In einer pathetischen Form ist das sozusagen der Grundton seiner Existenz. Schon als Kind hatte Alex gedacht, dass er eigentlich gar nicht hätte hier sein dürfen. Diese sozialistischen, sadistischen Ärzte und Schwestern aus der Pädiatrie mussten ihn ja unbedingt am Leben erhalten, konnten ihn nicht frei geben, sondern mussten unbedingt beweisen, wie sie der Natur trotzen, selbst wenn dies bedeuten würde, einen kleinen Jungen mit einem Tumor statt eines Gehirns ein qualvolles, unwürdiges Dasein aufzuzwingen.

Auch Alex' Eltern taten alles, um ihren ersten Sohn vor Schaden zu bewahren. Sie erzählten immer wieder, mehr sich selbst als Alex, dass er keine Angst zu haben braucht und so liebe Kinder wie er gar nicht sterben konnten, sondern unter einen ganz besonderen Schutz ständen – einen Zauber, der sie vor Unheil bewahrt. Alex kam das nicht richtig vor. Natürlich konnte er sich noch kein Ende vorstellen, aber er hatte die Vermutung, dass wenn ihm nichts etwas anhaben kann, dass er dann ja gar nicht richtig da ist. So wie ein Stein von Stürzen, der Kälte und dem Wind unbeeindruckt bleibt, dachte sich Alex. Der Zauber hatte Alex also in Stein verwandelt.

Alex' Eltern behüteten ihn gut, sehr gut sogar. So kam er kaum mit anderen Kindern zusammen, die ihn hätten mit irgendetwas anstecken können. Auch waren sie darauf bedacht, dass er keine Gefahren ausgesetzt ist, z.B. alleine im Wald spielen. Wie sie nur konnten, ließen sie all seine Wünsche in Erfüllung gehen. – „Hauptsache der Junge bleibt gesund."

Alex wusste damals noch nicht, zumindest war ihm das nicht explizit bewusst, dass er allein war. Woher sollte er auch wissen, was ihm fehlte. Jegliches Unwohlsein wurde sofort von den Eltern befriedigt, schnell und oberflächlich, aber fürsorglich – also gut gemeint. So begriff Alex damals nicht seine Einsamkeit, sondern verlangte nach Essen, Spielzeug und Klamotten.

Der Krebs ging zwar stetig zurück, doch erst als sein kleiner Bruder Askjell geboren wurde, wurde Alex ein wenig weniger behütet. Dabei verhielt es sich nicht so, dass Alex Askjell um die Aufmerksamkeit und Zuneigung beneidete. Etwas Anderes störte Alex allerdings immens. Askjell sah ihn immer so an, als wüsste er über seinen großen Bruder Bescheid, als wüsste er genau, was

Alex fehlt und wie es gelingen könnte diesen Mangel zu beheben.

Alex konnte Askjells Blick und Zeugenschaft nicht aushalten. Er versuchte sich wirklich zu beherrschen und auf Abstand zu gehen, um nicht aus Versehen seinen Bruder den Schädel einzuschlagen, seinen Hinterkopf zu packen und immer kräftig gegen die Betonwand der Garage zu prügeln, bis dieser scheiß mitleidvolle Blick endlich aufhört.

Eines Tages, beide standen auf dem Heuboden, wollte Askjell Alex ohne Vorwarnung trösten und umarmen, da versuchte Alex erschreckt und angewidert seinen kleinen Bruder abzuschütteln, da segelte dieser schon gen Boden. Ein rot gepflasterter Gartenweg rahmt vortrefflich den kleinen Leichnam, dachte sich Alex perplex, als hätte man es kommen sehen. Alex blieb ohne Reue, schließlich wollte er Askjell nicht töten, der Typ war einfach ein Trottel, der wäre früher oder später sowieso an seiner Gutgläubigkeit zugrunde gegangen. Im Grunde tat Alex ihm einen Gefallen. Allein die Tatsache, nun um die Möglichkeit eines martialischen Brudermords gebracht worden zu sein, ließ Alex Jahre später noch missmutig werden.

Exkurs – Abwesenheit als Lücke

Fangen wir einfach an: Das Abwesende ist z.B. das, was in den Pausen geschieht oder zwischen den Zeilen steht. Erst dort entfaltet sich der Klang, beginnen wir zu lachen oder erleben das Gedicht, wohl gemerkt alles vorreflexiv. Man hat das Gefühl man würde den Nachhall von etwas erfahren, die Phosphoreszenz eines erloschenen Lichts betrachten, einer Empfindung – weit weg –

nachspüren. Obwohl uns diese Erfahrung mit dem Mangel allein lässt, hat sie trotzdem etwas unerwartet Überschwängliches, das sich gerade nicht fassen lässt.

Es sind diese Lücken, in denen sich im Wesentlichen unser Leben abspielt. Gerade dort, wo wir nicht Herr der Dinge sind, passiert das, was wir im Nachhinein als „lebendig" attribuieren.

Alles andere ist Pornografie und Masturbation, jedoch nicht im sexuellen Sinn.

Alex hört zum ersten Mal von Fjara

Als Askjell fort war, erzählten die Eltern Alex das erste Mal von Fjara: „Weißt du, da ist dieses Mädchen, kaum älter als du, und die sitzt ganz allein auf der kalten, felsigen Klippe einer Landzunge, die weit ins offene Meer hineinragt. Dort sitzt sie und weint bitterlich und hat Angst, den nächsten Tag nicht mehr erleben zu dürfen. Da hat sich dein Bruder ein Herz gefasst und machte sich auf dem Weg sie zu trösten, ihr klarzumachen, was alle Welt weiß, dass Kinder, die geliebt werden, nicht sterben können."

„Aber vielleicht will sie gar nicht gerettet werden, vielleicht will sie keinen Trost."

„Alex, alle wollen das …und jeder freut sich, wenn er oder sie Unterstützung erfährt. Vor allem wird das Fjaras Vater freuen, der seine kleine Tochter ganz schrecklich vermisst. Leider hat seine neue Frau, also die Stiefmutter von Fjara, große Angst in ein paar Jahren von der Schönheit ihrer Stieftochter überstrahlt zu werden. Sie meint es sicher nicht böse, doch ihr Aussehen ist alles, was sie hat. Sie weiß darum, dass ihr die Zeit diese Attraktivität bald entreißen wird und so will sie wenigstens noch ein paar wenige Jahre ihren Zauber auskosten. Leider ist die Königin bei ihrem starken Temperament oft etwas voreilig und schroff in ihren Taten, so auch bei der rigorosen Verbannung Fjaras."

„Aber warum Askjell und nicht ich?"

„Weißt du, für jeden von uns ist etwas anderes vorgesehen und Askjell liebt es einfach, sich für andere einzusetzen. Was deine Bestimmung ist, lieber Alex, wird sich mit der Zeit sicher noch offenbaren. Du musst geduldig sein. Aber sei gewiss, das Universum vergisst niemanden."

Alex irritiert, unzufrieden und eingeschnappt: „Das ist doch doof, Askjell ist doch bloß treudoof wie ein Köter, doofes Universum."

„Alex, du gehst sofort auf dein Zimmer und denkst darüber nach, was du gerade gesagt hast. Und komm erst wieder, wenn du dich entschuldigen willst. – Na mach schon, du sollst verschwinden, sagte ich."

Szenen wie diese sollten sich in den kommenden Jahren für Alex häufen. Der kleine Alex verbrachte also viele Stunden alleine in seinem Zimmer, allein mit der Wut auf seine Mutter und den wachsenden Groll auf Askjell. Immer lebhafter musste er sich vorstellen, wie Fjara und Askjell am Strand und auf der Klippe ihre Zeit gemeinsam und innig verbrachten. Sie spielten am Strand und bauten große Burgen, die sie von der Gischt wieder wegspülen ließen, sie machten die hellsten und knisternsten Lagerfeuer, an denen sie sangen, sich Geschichten vorlasen und sich manchmal fast gleichzeitig, leicht die Füße verbrannten.

„Das ist alles ein einziger Fehler, Askjell ist ein einziger Fehler. Ich wünschte, sie würden lichterloh verbrennen. Ich wünschte, es hätte Askjell nie gegeben." Und schon erwischt ihn die flache Hand seiner ihn liebenden, überforderten Mutter. Ins Gesicht.

Mit dem wachsenden Wissen um die Sorgen, Nöte und Albernheiten der Leute begann Alex immer mehr die Geschichte um Fjara umzudichten und zu ergänzen. Dies war das Einzige, was ihm wirklich half, um seine Situation erträglicher zu gestalten. Man könnte sogar meinen, er entwickelte eine regelrechte Obsession, sich in die verklärten Fantasien hinein zu katapultieren, so sehr, dass er sogar begann davon zu träumen. Und jedes Mal überkam Alex ein wahnsinniger Zorn, wenn die Träume seinen Wunschvorstellungen widersprachen – das Glück seines kleinen Bruders, das für ihn nicht auszuhalten ist. Also brauchte es seinerseits eine andere Erzählung.

Askjell fliegt aus dem Fenster

„Nichts ist so lächerlich wie der Trotz, die alberne Fratze der Grausamkeit und aller Dämonen." So sollte meine späte Abrechnung mit der Welt beginnen. Mal schauen, was mir zuerst in den Kopf schießt:

Mir scheint als gäbe es zwei Sachverhalte, die von vielen, vielleicht sogar von allen, Religionen streng verboten werden und in unserer Gesellschaft zumindest toleriert werden: das Nein zu Zins und Selbstmord. Beide verstoßen gegen das Gesetz der Unverfügbarkeit.

Das Leben wurde dir geschenkt und du bist nicht Herr im eignen Haus. Es geht mir nicht darum zu diskutieren, ob man leidende Menschen die Gnade es Todes zuteilwerden lässt oder nicht – sondern lediglich um die Hybris, die Illusion von Souveränität und Machbarkeit verbunden mit der einhergehenden Verachtung wider das Leben.

Der Zins gilt als Schuldzuweisung im Namen der Zeit, er hätte niemals erhoben werden dürfen. Es gibt keinen Anspruch auf Zeit und keine Möglichkeit sie zu tauschen.

Diese beiden Verbote können als uneingeschränktes Ja zum Leben verstanden werden, weil sie seiner grundlegenden Unverfügbarkeit Rechnung tragen. Freitod und Zins bringen uns in eine unmögliche Lage, weil wir uns so von der pathischen Dimension unseres Daseins abschneiden.

„Das Nichts wird die Seinen wiedererkennen." Die reine Positivität unserer Lebensverachtung hat tatsächlich das Nichts als Kehrseite, als Pfand. Das Nichts ist das Gegenteil von Abwesenheit. Es ist die totale Verlassenheit. In der resultierenden Verzweiflung bleibt nur der Trotz als der wahrhaftigste Ausdruck unserer Idiotie. Ein Schreibfehler, der das gesamte Buch samt Autor zerstören will. Der Morgenstern, der um Gott weiß und seinen Fall gegen die Schöpfung richtet. Die Metastasen der Erde, die sich dessen bewusst, diese vernichten – wollen. Macht und Wachstum haben ihren unwiderruflichen Höhepunkt gerade in der Vertilgung ihrer Welt zu erreichen.

Unser exponiertes Dasein werfen wir dem Sein selbst entgegen in der ultimativen Illusion, dass wir über Tod als solches bestimmen könnten. Dabei verhält es sich nicht so, dass wir absichtlich bösartig agieren. Wir handeln nicht aus einer Wahrheit heraus, sondern aus der Ideologie dieses idiotischen Trotzes. Die selbstbestimmte, verkaufte Zukunft soll vorweggenommen und gesichert werden, uns gegen den Einfall des Realen schützen – sozusagen eine säkularisierte Ablehnung des Heiligen Geistes.

„Ich wähle den Tod und so soll er der meinige sein – da auf Vergebung zu hoffen, ich aufgegeben habe."

Aufgang Fjara

Fjara kamen meine Gedanken zu Trotz und Tod interessant, aber im Grunde albern vor. „Die Idee von der Verdrängung des Todes und dessen unaufhaltbaren ‚Zurückschlagens' als aufkommende Leere klingt spannend. Der trotzige Mensch müsste allerdings vollkommen lächerlich sein, außer die gesamte Gesellschaft ist absurd. Das wäre so, als würde man sich aus Angst vor dem Tod umbringen.

Askjell, sind das nicht bloß infantile Projektionen von dir? – weil du dir einbildest, dir hätte in der Kindheit etwas gefehlt oder fühlst du dich vom Leben betrogen? So allein gelassen – mit zu viel Pathos."

„Ich hasse es, wenn du immer alles auf eine persönliche Ebene reduzieren musst."

„Und ich mag nicht gerne über die Welt und das Leben reden, wenn ich dir zuhören könnte, wie es dir in deiner Welt und mit deinem Leben ergeht. Außerdem unterstütze ich keinen Eskapismus ins Pseudo-Philosophische."

Diese Mischung oder eher diese Vermengung von Ablehnung und Annahme, Verkennung und Anerkennung macht mich immer ganz unbeholfen. Hmm… Welche Optionen habe ich? Ich könnte auf den inhaltlichen Wert meiner Überlegungen beharren und dessen Relevanz weiter ausführen. Oder ich erzähle Fjara von den Befindlichkeiten, die mich gerade malträtieren. Oder ich lehne die komplette Konversation mit ihr ab. Thinking.

„Naja, es stimmt schon, dass ich in letzter Zeit…, aber das war schon immer so. Als ich noch …"

Es folgen nun zwei Stunden Gejammer.

Fjara packt Askjell und schüttelt ihn ordentlich durch. Danach wirft sie ihn aus dem Fenster.

Abgang Askjell

Schließlich meinte ich zu Fjara: „Und geht's dir jetzt wieder besser?"

„Ja, danke."

„Komm, lass uns schnell was kochen."

„Kochen? Ich dachte, wir wollten heute ‚Fliegen'."

„Machen wir auch, aber du hast mich diesmal ganz schön barsch aus dem Fenster geworfen."

„Tut mir leid, schätze ich hab einfach nur Hunger."

Askjell guckt rechthaberisch und Fjara trotzig-verlegen.

Alex erzählt von Fjara

Alex begann mit der schlechten Schneewittchen-Adaption seiner Mutter. Aber in der Version, die sich Alex erzählte, musste Fjara nicht verbannt werden, weil ihre Mutter die Schönheit ihrer Tochter nicht aushielt, sondern weil ihr Vater, der König, sie – sagen wir mal – ein bisschen zu sehr liebte. Er liebte sie so sehr, dass es wehtat – oft und schlimm und ausschließlich Fjara. So ließ die Mutter sie aus Fürsorge an den weit entlegensten Punkt des Landes bringen, auf eine kahle, bizarre Klippe einer weit ins Meer hinausragenden Landzunge. Um das Ansehen des Königs zu wahren, hatte man den Barden verordnet, die Geschichte von der bösen, hysterischen Stiefmutter zu erzählen. So haben sich die Leute also ein

Märchen auftischen lassen. Und wenn sie nicht gestorben sind, hört man heute noch in der Taverne lieber die Lieder über böse, garstige Frauen und ihre lieblichen Töchter, die es zu retten galt. Wahrscheinlich schmeckt der Met nicht mehr, wenn jemand über die Übergriffigkeit der Könige singt.

Fjara war für Alex eine stolze, schöne, würdevolle, rechthaberische, verrückte und vor allem unabhängige junge Frau, die ihren Untergang erwählte. Nie konnte Alex ein anderes Mädchen so lieben wie Fjara.[4]

Fjara hasste es, dass Askjell tatsächlich dauernd versuchte sie zur retten und vor vermeintlichem Unheil zu bewahren. Askjell bewerkstelligte es, für beide eine kleine Hütte zu errichten, die warm und trocken hielt. Bei Morgengrauen ging er fischen und sperrte, weil er sich nicht anders zu helfen wusste, Fjara in der Hütte ein. Genau genommen band er ihre Handgelenke mit Kabelbindern am Bettpfosten fest. Die verengten sich so schön, wenn man an ihnen zog. Und wenn er dann nach wenigen Stunden zurückkehrt war und Fjara schon ohnmächtig, blass und irgendwie friedlich in der Koje lag, konnte er sich meistens nicht beherrschen. Außerdem gab es kein besseres Mittel, um sie wieder in Wallung zu bringen, redete Askjell sich nicht ohne Vergnügen ein. Danach plagte ihn stets sein schlechtes Gewissen und er bat Fjara innig um Verzeihung. Ja, meistens hockte er dort unter Tränen, versprach ein besseres Leben und redete vom Schicksal, das man sich nicht aussuchen kann. Das brachte Fjara zum Toben und sie verwandelte sich in

---

[4] Später wird sich Alex genau damit seine tiefsitzende Misogynie erklären. Sie ist der Ausdruck der Abscheu und Verachtung für alle ressentimen, fürsorglichen, bemitleidenden Regungen, die dem weiblichen Geschlecht zugeschrieben werden bzw. die Verachtung für alle Formen der Selbsterniedrigung.

Feuer, Eis und Sturm, sodass Askjell all seine Kraft brauchte, sie zu halten, bis er es nicht mehr aushielt und die Hütte einfach verließ, um sich zu betrinken.

Bei so geöffneter Tür hörte Fjara, wie die gewaltigen Wellen gegen die Klippen prallten, als wöllten sie sie zum Einsturz zwingen. Manchmal schwappte sogar ein wenig Gischt ins Haus und Fjara stellte sich vor, wie sie als Sirene himmlische, traurige Lieder singe und alle Schiffe zum Kentern bringen würde. Dabei wären die Seeleute sich vollkommen bewusst, dass sie auf ihr Unheil zurasten und nähmen es entschlossen in Kauf, würden darin meinen, die erste Wahrheit ihres Lebens zu erkennen und sodann ihren Untergang erwählen. Aber die Ohren waren leider oft schon viel zu sehr verstopft, nicht mit dem Wachs der Ratio, sondern mit dem Ohrenschmalz der Ignoranz, die sie selbst Produktivität, Wirtschaftlichkeit oder Verantwortung nannten. So waren sie nimmermehr im Stande, eine Wahrheit über ihr Unheil vernehmen zu können.

So lebten Askjell und Fjara also viele Jahre, wie ein typisches Ehepaar: „Du Scheiß Fotze hast mir mein ganzes Leben versaut." „Dann verschwinde doch endlich und verreck!"

Bis eines Tages tatsächlich die Wellen an der Klippe ruckelten, wodurch sich ein Felsvorsprung löste und die halbe Hütte mit sich riss. Dreißig Minuten lag Fjara verschüttet unter den Trümmern. Ihr kamen sie wie Jahre vor. Irgendwann begann sie ihren Tod zu akzeptieren, ja regelrecht zu begrüßen. Sie verabschiedete sich von der Welt und söhnte sich selbst mit Askjell aus. Und als sie nun keine Schmerzen mehr spürte, hatte sie sich noch nie so friedlich gefühlt und verlor schließlich das Bewusstsein.

Sie wachte wieder auf als Askjell den Bettpfosten von ihr rollte und sie fröhlich und überglücklich anstrahlte. Aber Fjara war nicht froh, sie war enttäuscht und in einer Weise traurig, die nicht von dieser Welt ist. „Nicht einmal das gönnst du mir." Das nächste Jahr wurde sie immer stiller, kleiner und leiser, so als wolle sie sich auflösen. „Alles soll Wüste sein. Es gibt kein Ankommen mehr – für niemanden: Es soll keine Schiffbrüche mehr geben, an deren Anblick die Zuschauer zu sich kommen. Es soll überhaupt keinen Strand mehr geben, der Sinn und Heimat stiftet. Ein jeder soll sich so verloren fühlen wie ich – jetzt und in alle Ewigkeit." Dabei pflückte sie einen Stern vom Firmament und ließ ihn ins Meer fallen. Die enorme Hitze ließ das Meer versiegen und übrig blieb eine bizarre Salzwüste.

Alex dachte nun, dass die Chinesen den Kometen eigentlich schon vor Jahren hätten sehen müssen. Schließlich haben sie doch extra dafür ihre Radarstation auf der Rückseite des Mondes errichtet. Ein Ort komplett ohne Rauschen und daher perfekt zum rechtzeitigen Orten von gefährlichen Objekten. Wahrscheinlich ahnte man, dass unterhalb der „Salty Sea" unvergleichbare Ressourcen schlummern, die nun vergleichsweise simpel abgebaut werden können. So hielt man es ja auch beim Schmelzen der Pole. Tja, eine Katastrophe kann so schlimm nicht sein, wenn sie doch die richtigen Leute reich macht.

Exkurs – Abwesenheit als das Schöpferische

Besonders kann sich Askjell für die Phasen der Selbstvergessenheit begeistern. Sonst ist da stets dieses aufsässige Selbst mit seinen Sorgen, Zweifeln und Nöten. Man ist geneigt, das Selbst ständig zu umkreisen und doch nicht nach vorn zu kommen. Leicht entsteht dann der Wunsch davon zu entfliehen, vielleicht mit ein paar Bier und einer Flasche Wein oder sich abzulenken durch den Fernseher oder inhaltsleere Gespräche mit der Freundin.

Wie schön ist es aber, wenn man stattdessen, dann und wann, in seiner Tätigkeit aufgeht. Leute, die joggen oder schreiben, kennen das, dass sie ganz im Laufen oder Verfassen eines Textes aufgehen und es scheinbar keine Trennung mehr gibt, von dem Ich, das jetzt läuft oder schreibt und dem Prozess. So, dass man sagen möchte, der Lauf läuft oder das Schreiben schreibt. Dann ist man ganz bei der Sache, ganz im Flow. Ironischer Weise sind dies Momente, von denen man im Nachhinein berichtet: „Da war ich endlich mal wieder ganz ich selbst."

Manchmal macht man auch die Erfahrung, dass einem plötzlich eine grandiose Idee einfällt, ja einen gar ergreift, von der man meint, genau das wollte ich schon immer einmal denken oder sagen ... – das ist, was ich ausdrücken möchte. „Wo kommt das her? Daran hatte ich gar nicht gedacht." Man hat es nicht in der Hand. Es ist etwas Fremdes, dass man nicht fassen kann, aber einen mit einem Überschwung ergreift.

Diese Erfahrung kann auch viel einschneidender und allumfassend sein, sodass man die Welt nicht nur mit anderen Augen betrachtet, sondern tatsächlich sich einer anderen Welt gegenübersieht, genauer: neu und anfänglich in der Welt ist. So sehr hat sich das eigene Selbst- und Weltverständnis geändert.

Von kleinen Kindern kennt man das oder von Jugendlichen inmitten ihrer Pubertät, wenn sie von einem Tag auf den anderen wie verwandelt wirken und einen anderen Umgang mit sich einfordern. Augenfällig wird es vor allem bei Künstlern, die sich ganz bewusst über die ganz normale entwicklungspsychologische Genese ihres Selbst hinaus, in Prozesse des Neuwerdens bzw. der Subjektivierung begeben. Durch das stetige und stets offene Abarbeiten an einem Thema, einer Aufgabe oder Wahrheit kompostieren diese Künstler sozusagen ihre Erfahrungen und Empfindungen. Und dann passiert es, dass sie mit dem Bekannten und dem Bewährten nicht mehr weiterkommen und einbrechen, sich vielleicht schon etwas Neues anbahnt, welches sie aber noch nicht greifen können. An dieser Stelle kommt es darauf an, sich auf diese Krise, die einen allumfänglich betrifft, einzulassen, ja geradezu willkommen zu heißen und als die seinige zu erwählen. Das ist natürlich wie bei den Krisen des Erwachsenwerdens schmerzvoll und man muss bereit sein, von sich abzulassen ... Bis dann ein Durchbruch erfolgt und sich ein Anfangen vollzieht, dem bekanntlich ein Zauber innewohnt, der uns trägt und hilft zu leben – die Welt in der Wiederholung eröffnet.

Wenn also ganz unbedacht von der „Selbstfindung" gesprochen wird, so kann sie nicht als ewiges Kreisen um sich selbst und als seltsames Orakelspiel begriffen werden, als würde da etwas in einem Schlummern, was es nur noch zu entbergen gilt. Sondern es ist ein schmerzliches Loslassen, dem ein neuer Morgen folgt. Im Nachhinein ist man allerdings dazu geneigt, den aktuellen Zustand zu etwas zu verklären, was irgendwie schon immer in einen angelegt war. So ist es mit allen Gründen und Begründungen: Sie kommen einen zum Schluss und setzen sich an den Anfang.

Askjells ToDo-List

Fjara und Askjell sitzen schmatzend über ihrer frischen Kartoffelsuppe.

Zum Glück hatte ich noch frischen Rosmarin. Ich gebe einfach viel zu viel mit meinen Kochfertigkeiten an. Ohne Rosmarin wäre ich glatt als Hochstapler aufgeflogen. Esse ich noch eine Kelle?
Hm, heute ist „Fliegen" – na, dann lieber nicht.

„Kannst du mir mal kurz die Liste geben?"
„Hier. – Bittschön."

- ~~Nichts tun~~
- ~~Serien Marathon~~
- ~~Oper~~
- ~~3D-Kino~~
- Fliegen
- Berg besteigen
- Tagelang am Strand liegen
- Kältekammer
- Sauna
- Am Fjord angeln
- Die Wiederholung

„Ich werde nicht Skispringen." sagte Askjell. „Das wirkt superdumm. Ohne Schirm und Flügel von einem irrsinnig hohen Turm … ähh, Schanze zu springen. Und für einen Fallschirmsprung fehlt mir ehrlich gesagt der

Mut. Überhaupt will ich in kein Flugzeug einsteigen. Da habe ich beim Landen immer so einen gewaltigen, schmerzenden Druck auf den Ohren und kann die nächste dreiviertel Stunde nichts hören. Und du lässt mich dann wieder vor der Flughafenmiliz allein dastehen, die ungeduldig sofort ihre Kalaschnikows in Anschlag bringen."

„Hihi – ach ja. Komm schon, sei nicht so ein Feigling. Erst groß damit prahlen, man müsse Perspektiven außerhalb des ‚Fliegenglases' erfahren und jetzt das. Und dann noch dein blödes Wortspiel: ‚Jede Anschauung von Welt ist auch eine andere Weltanschauung'."

„Ich war angetrunken und du hast mich dann auf diese Schnapsidee festgelegt."

„Ehrlich Askjell, nüchtern traust du doch deinen eigenen Ideen nicht, da musste ich deinen Vorschlag einfach beim Schopfe packen."

„Wie wär's mit VR?"

„Nee, zu nahe am 3D-Kino und irgendwie an der Sache vorbei."

„Ahh, in München gibt's gerade diese ‚Bodyflying-Arena'."

„Was? Viel zu teuer."

Und während ich noch überlegte, warf mich Fjara nochmals aus dem Fenster.

- ~~Fliegen~~

Fjara als Mythos

Fjara war inzwischen für Alex so vieles: Symbol, Vorstellung und Realität, sie war ein Prinzip, ein heiliges Wesen und gleichzeitig der Inbegriff des vom Alltag geplagten Menschen. In ihr vereinigten sich die Aspekte von Einsamkeit, Freiheit und Tod.

Als uranfängliche Gottheit war sie so allein, dass sie aus dem ewigen Chaos ausgeschlossen wurde. Sie war der erste Unterschied und trennte nun den Himmel von der Erde, um auf ihr zu tanzen, sich zu erwärmen und in einen Rausch zu flüchten. Ein heißer Sturm formte das Chaos und ihr erschöpfter Atem blies den Dingen das Leben ein. Aus großer Fürsorge und wahrer Freundlichkeit bleib sie getrennt von ihrer Schöpfung. Nur die Seelen, die selbst tanzten, um zu verglühen und freundlich alle Vorstellungen fahren ließen, gingen in die Erschöpfung Fjaras ein und wärmten ihr Herz. Alle anderen mussten sich nach ihrem Tod in den Arkadien bis zur Besinnungslosigkeit vereinzeln und entfalten.

Einmal ging sie als Nymphe auf einen Felsen hernieder und brachte so die Schönheit in die Welt. Nur wer sich mit interessenlosen Wohlgefallen näherte, konnte sie vernehmen, allen anderen war sie eine betörende Einbildung, der es sich zu bemächtigen galt. 5000 Jahre wurde um die Herrschaft des Felsens gestritten, Kriege wurden geführt und Familien zerrüttet. Jeder Aggressor ist an Fjara gescheitert und am Ende war der Fels bloß ein kalter Stein. Fortan sollte es keine Schönheit mehr auf der Erde geben, außer im Rausch oder im Traum. Eine große Enttäuschung soll den Einfältigen das wache Leben sein und freudlos soll es für alle sein, die nach Reinheit streben. Und wer Hoffnung oder Glück in seinem Herzen trägt, soll daran zugrunde gehen. „Mach dir nichts vor."

sagte die letzte Priesterin Fjaras, bevor ihre Augen erloschen.

Alex wähnte sich selbst gerne als einen der letzten Bilderstürmer und glaubte, er sei derjenige, der vielleicht den Fluch bricht, derjenige der versteht und sieht.

Alex überlegt

Alex, der wie erwähnt, viel Zeit alleine in seinem Zimmer verbringen musste, weil er ungezogen war bzw. die Gefühle seiner Mutter verletzte, wählte irgendwann diese Zurückgezogenheit. Er las sehr viel und nutzte das Internet ausgiebig, um herauszufinden wer bzw. was ihm diese Scheiße eingebrockt hat. Natürlich war er auch viel Online, um sich die geilsten Pornos zu geben, in Community-Foren zu trollen oder einfach um zu Zocken. Aber auch bei einem nun Pubertierenden versiegt irgendwann die Lust und Laune. Und dann sitzt man ganz schön doof da mit der Frage nach sich in der Welt. Erste Hinweise ergaben sich für Alex als er die Mythe vom Sündenfall genauer betrachtete. Der Apfel vom Baum der Erkenntnis meint die Fähigkeit zwischen Gut und Böse zu unterscheiden. Das ist die Ursünde – wörtlich genommen: die unüberwindbare Trennung von Gott. Dann verstand Alex auch, warum diese Sünde jeden betrifft und irreversibel ist, wenn sie doch schlicht unser Urteilsvermögen bzw. Bewusstsein meint. So kann der Mensch nun staunen, lachen und vor allem bezeugen. Aber, fragte sich Alex, wann war der Punkt als die Leute aus dem Kreis ausbrachen. Wann begannen sie sich selbst eine Richtung zu geben, eine Welt neben der

Welt zu errichten, ihre Bedürftigkeit und Unverfügbarkeit zu leugnen, wann begann die sogenannte Zivilisation?

Vielleicht beschlich sie ein kollektives Ressentiment, schließlich wurden sie aus dem Paradies rausgeschmissen und ihnen wurde die Frucht vom Baum des Lebens[5], die Ewigkeit, verwehrt, durch welche sie selbst Göttlichkeit erlangt hätten. Vielleicht waren sie auch stark am Verzweifeln: Sind wir nun einfach hierher geworfen oder gibt es über uns den Peiniger? So oder so: Gäbe es Gott, so kann der Mensch nicht leben und gäbe es ihn nicht, so hätte das Leben keinen Sinn. Irgendwo in diesem Pfuhl des Elends sprechen einige ein trotziges *Nein* aus. Und dieses *Nein* ist so albern und wider besseres Wissen, so infantil wie das *Nein* kleiner Kinder. Bis heute blieb es so infantil, auch wenn es ausgiebig kultiviert wurde. *Nein* zu Gott, anfangs ironischer Weise im Namen Gottes, *Nein* zur Schöpfung, *Nein* zur Sterblichkeit und damit insgesamt ein grundlegendes *Nein* zur Menschlichkeit.

Wenn man nur den Apfel der Erkenntnis hat, kann man auf die Ewigkeit pfeifen, man kann ja nun selbst urteilen. Niemals ging es darum, die Menschen von irgendetwas zu befreien. Den Trotz durchzusetzen im klaren Bewusstsein der Wahrheit ist der Ursprung der Macht bzw., genauer, des Macht-Wissen-Komplexes. Das ist nicht unbedingt eine Kausalbeziehung, erklärt aber auch warum Macht umgekehrt den Menschen korrumpiert und verdirbt.

An dieser Stelle wird Alex wütend. Es mag ja sein, dass die Sünde irreversibel ist, aber nicht die Entfaltung von Macht und Unterdrückung, nicht die Errungen-

---

[5] Verleiht Unsterblichkeit

schaften der Zivilisationen, der Kriege, der Entfremdung, der Ausbeutung und kollektiven Ignoranz – aber was tun, wenn alles Tun bei Erfolg wieder nur Macht wäre.

Die Verneinung der Sterblichkeit, das Todesverbot bzw. das Unsterblichkeitsgebot hält Alex für den entscheidenden Punkt. Dieser wirkt so albern, als würde man seine Hose leugnen, und dies potenziert in den Formen seiner Vergesellschaftung.

Der Trick bestand wohl darin, Kraft es Apfels den Tod zunächst als das *Andere* des Lebens zu definieren, um dann von der Unsterblichkeit predigen zu können. Aber Unsterblichkeit bedeutet gerade nicht den Höhepunkt des Lebendigen. Im Gegenteil: Ganz lebendig ist man nur in dem Maße, in dem man ganz sterblich ist. Nun traten an die Stelle des Lebens, die Sorge und der Wille zum Überleben – jedes Herz wird nun mit Furcht gefüllt.

Und wie nach dem Alkoholrausch eine nicht greifbare Angst eintritt, suchen die Leute ihr Heil nicht in Abstinenz, sondern in der nächsten Kneipe.

Diese Überlegungen bringen Alex nun auf eine Idee, wie er doch noch den historischen Ursprung der sogenannten Zivilisation und vor allem die zu seinen Überlegungen entsprechende Geschichte ausfindig machen kann: Folge dem Rausch.

Askjell muss weinen

Dieser Flug erinnerte mich auf einmal an Alexander, meinen bösen, älteren Bruder.

Alex erkrankte schon sehr früh an Krebs. Er hatte einen Gehirntumor, der nach und nach wuchs und unsere Eltern schier wahnsinnig vor Sorge werden ließ.

Doch im Nachhinein betrachtet, war Alex' Tragödie, dass er nicht sterben durfte bzw. ihm der Tod abgesprochen wurde. Zuhause haben wir nie darüber geredet. Höchstens Gäste sind unvorsichtig auf dieses Thema gekommen. Aber dann wurde verklärend vom ‚längeren Schlaf' oder ‚Himmelsbesuch' geredet. Dieses Schweigen hatte Alexander unglaublich wütend gemacht: „Meine doofen Eltern sagen kein Wort. Aber ich weiß, dass ich einen Tumor im Kopf habe. Man stirbt, Kinder sterben. Ich werde sehr bald sterben."

Seinen Unmut ließ er für gewöhnlich an mir aus, was ich nicht verstand und meinen Bruder liebte – es war schließlich mein *großer Bruder*.

Einmal hatte er sich sogar extra das Märchen von der Goldenen Gans, mein absolutes Lieblingsmärchen, neu ausgedacht: „Hör zu Askjell, bisher haben dir die Erwachsenen immer die gelogene Geschichte erzählt, weil sie glauben, wir sind blöd und sollen es auch bleiben. Die richtige geht so:

Hans war ein Junge, der des Lachens nicht fähig war. Er bekam von einer unbekannten Figur ein ‚Schwefelkästchen' in die Wiege gelegt, dass alsbald fürchterlich nach verdorbenen Eiern zu stinken anfing und eine zutiefst traurige Melodie erklingen ließ.

Trauer, Missgunst und offene Abscheu prägten die Tage von Hans. Eines Tages hatte Hans das Getuschel, die Fratzen und das Gelächter der Gleichaltrigen so satt, dass er versuchte, ihnen ihr Lachen gewaltsam auszutreiben. Er schlug einen nach dem anderen, dass das Blut nur so aus der Nase schoss. Doch schnell bildete sich ein Mobb, der wiederum ihn an die Gurgel wollte.

Hans floh in den Wald. Es wurde dunkel und kalt. So suchte er Schutz in einer großen Höhle tief verborgen im Wald. Aber diese war nicht unbewohnt, mit hastigem Schritt kam ein gewaltiger Troll auf ihn zu und wollte ihn vertreiben. Als er aber der Lächerlichkeit Hans' gewahr wurde, konnte er sich vor Lachen nicht halten. Hans bat ihn inständig aufzuhören und doch sein verzweifeltes Schicksal zu verstehen.

Aber der Troll meinte überraschend: ‚Ich weiß, wer du bist, Hans. Ich kenne deinen Fluch. Nur vergib mir, habe ich dich noch nie von Nahem betrachten können.‘

Hans erwiderte vorfreudig: ‚Ihr kennt mich? Wisst ihr dann auch, wie ich mich von diesem vermaledeiten Kästchen lösen kann?‘

Der Troll nickte und machte sich den nächsten Tag mit Hans auf dem Weg zum Marktplatz der Stadt und sagte: ‚Meine wohl verehrten Bürger, habt Mitleid mit einem der Euren, der für sein Schicksal nichts kann, ebenso wir ihr für das eure. Wer es vermag dem bedauernswerten Jüngling Frohsinn zu schenken, erlöst ihn auf der Stelle von seinem unsäglichen Fluch.‘ Aber die Bürger erbarmten sich nicht und zeigten sich eifrig in Ekel und Ignoranz.

‚Also gut.‘ sagte der Troll. ‚Wer meinen Gesellen hier befreit, dem schenke ich meinen Immer-vollen-Topf-an-Gold.‘ Und so sollte sich schon bald eine riesige Schar von Leuten um Hans einfinden, die gaukelten, Kunststücke vollführten und lustige Anekdoten erzählten. Der Troll rollte sich vor Vergnügen von einer auf die andere Seite, doch Hans lachte nicht ein einziges Mal.

Zur Mittagszeit traf der kluge und äußerst gierige König des Landes ein, überlegte und überlegte ... und ließ schließlich seine übermäßig frohsinnige, reizende Tochter holen und versprach sie Hans zur Frau.

Nun konnte sich Hans vom Schwefelkästchen lösen und nahm sich sofort seiner ehelichen Pflichten und Gelüste an. Er hütete seine Frau wie ein kostbares Schmuckstück und verbarg sie eifersüchtig vor allen Blicken. Daraufhin wurde die Frau immer trübsinniger und stiller. Das machte Hans wütend und er befahl ihr eindringlich, ihn aufzuheitern. Doch selbst Schläge halfen nicht.

Als sie ihren ersten Sohn gebar und voller Liebe für ihn war, wurde Hans so eifersüchtig, dass er den Troll bat, dem Kind das Schwefelkästchen in die Wiege zu legen.“

An dieser Stelle musste ich immer wahnsinnig anfangen zu weinen: „Aber der Kleine in der Krippe kann doch gar nichts dafür, er hat doch niemanden etwas getan."

„Wenn du nicht aufhörst zu heulen, sage ich Mama, dass du mich geschlagen hast." Aber ich konnte nie aufhören zu weinen. So kam meine Mutter und schimpfte mit mir und schickte mich in den Kartoffelkeller.

Mich wunderte stets mit welcher Vehemenz meine Eltern Alex, den Goldjungen, zu schützen versuchten – gerade so als würde es um ihr eigenes Leben gehen.

Alexander demütigte mich bei jeder sich bietenden Gelegenheit, musste stets beweisen, dass er besser als ich war und provozierte mich oft bis aufs Messer. In einer Situation saßen wir auf dem Heuboden bei geöffneter Luke. „Komm Schwächling, schubs mich vom Dach. Du bist nichts anderes als die vergessene Pille unserer Fotze von Mutter." In diesem Moment wurde ich traurig. Ich trauerte darum, dass Alex die Liebe und Geborgenheit seiner Familie nicht annehmen konnte. Ich verspürte den Impuls meinen Arm um ihn zu legen als Alex selbigen nahm und mich wegstieß. So segelte ich in den Abyssus[6].

Die Eltern schickten mich daraufhin auf den Zauberberg. Sie sagten Alex, dort wäre ein besserer Ort für Leute wie mich.

Ich weiß zwar, dass in den folgenden fünf Jahren Alex' Gehirntumor langsam zurückging, habe aber ansonsten nie wieder ein Sterbenswörtchen von ihm gehört.

---

[6] Der Abgrund aus dem das Herauskommen extrem schwierig ist.

Alex recherchiert

Vor ca. 11.500 Jahren wurden auf dem Berg Göbekli Tepe im Südosten Anatoliens rauschende Feste gefeiert. Für einen Totenkult wurde der erste Monumentalbau der Menschheit erschaffen. Von weit her kamen die ehemaligen Wildbeuter zu den Begräbnisfeiern, zu denen man eine Art starke Biersuppe reichte und die Leichen bizarr hippiesk mit Blumen und andern Pflanzen auf riesige Plattformen ausstaffierte. Hier wurde zum ersten Mal der Tod zum Gegenteil des Lebens verklärt und ein illusorischer Ausblick auf die Unsterblichkeit gewährt.

Entgegen einer gängigen Lehrmeinung verhielt es sich nicht so, dass die Menschen sesshaft wurden und so aufgrund des gewonnen „Wohlstandes" sich nun der komplexen Ausübung von Kult und Kultur widmen konnten. Es war umgekehrt: Die Religion führte zur neolithischen Revolution, ließ aus Wildbeutern Bauern werden – der Beginn der Zivilisation. Auf Göbekli Tepe wurden Unmengen Getreide gelagert und fermentiert, was überhaupt erst den Ackerbau erforderlich machte.

Wenn der Tod das *Andere* des Lebens ist, verkommt das Leben zur Todesvermeidung, wird es zum Überleben in Sorge und Gram. So wurde den Leuten ihr Tod genommen, als Übergang, und somit des Lebens beraubt. Und wie Süchtige suchten die Menschen nicht ihr Heil im Abschwören von der schädlichen Droge – diesem dämonischen Kult – sondern im Rausch, den man sich so sehr als Erlösung von seinem Elend herbeiwünscht – ungeachtet dessen, dass es vor dem Todeskult dieses elendige Leben gar nicht gab. Der alte Marx-Spruch von Religion als Opium für das Volk könnte hier nichtzutreffender sein. Das tägliche Quantum Bier an die ägyptischen Arbeiter ließ die Pyramiden entstehen und die rauschhafte Aussicht auf das Paradies den Assassinenkult, eine allzu zuverlässige Bande an Meuchelmördern.[7] Zumindest die Geschichte des Abendlandes sowie des Vorderen Orients hängt massiv mit der Produktion von Bier und der Kultivierung des Rausches zusammen.

Dem großartigen und unerschrockenen Karl Schmidt ist es zu verdanken, dass wir über diese allzu entscheidenden Ereignisse der Menschheitsgeschichte Bescheid wissen. An den Berg Göbelki Tepe hatte sich vor dem Archäologen keiner herangetraut, weil dort in den 60er Jahren des 20. Jahrhunderts auf dem Hügel ein muslimischer Friedhof entdeckt wurden war. Erst 1994 konnte die verborgene Kultstätte freigelegt werden, als Karl Schmidt die Reste des monumentalen Heiligtums erblickte.

Als der jugendliche Alex dies recherchierte fuhr es ihn in Mark und Bein. Er war sich sicher, dass es den Totenkult bis heute gibt und dass dessen Anhänger nicht sehr erfreut waren, als Schmidt ihnen auf die Schliche kam. Kaum jemand wusste von diesen Ausgrabungen. Artefakte, die das komplette Selbstverständnis der abendländischen Welt auf den Kopf stellen würden, wurden aus irgendeinem Grund nicht sonderlich publik.

---

[7] Sicherlich war die Arbeit an den Pyramiden furchtbar hart, allerdings war die Aussicht auf sichere Arbeit, die Loslösung von der Familie und die täglichen Liter Bier sehr verführerisch. Überhaupt darf die Aussicht auf den Rausch nicht vernachlässigt werden. Die Assassinenanwärter wurden in einem Raum mit schönen Frauen verfrachtet und mit allerhand Substanzen vernebelt, vorwiegend Grass und Opiate. Man machte ihnen weiß, einen Augenblick tatsächlich im Paradies verweilt zu haben. Und erst, wenn sie ihre mörderischen Aufträge vortrefflich ausgeführt haben, dürfen sie noch einmal davon kosten. Das war ein keineswegs zu unterschätzender Ansporn, so mal starke Abhängigkeiten aufgebaut worden sind.

Das alltägliche Gift, die Sorge ums Leben, die Angst vor dem Tod – all dies soll als gottgegeben betrachtet werden.

Seit jeher hatte Alex immer so ein mulmiges Gefühl, wenn er allein durch die Straßen ging. Keinem darf oder kann er von seiner Recherche erzählen. Vielleicht würden seine Mitwisser sich auch verfolgt fühlen oder es würde ihm sowieso niemand glauben. Und die, die glauben würden, würden die Dimension seiner Aussagen nicht kapieren – oder sind im schlimmsten Fall noch zynischer als Alex.

Askjell zockt

Hat sich dort gerade der Sargdeckel bewegt? In Hügelgräbern bewegen sich immer erst leise die Sargdeckel und plötzlich ist man von verdammt unausgeschlafenen Draugar[8] umgeben. Wo bin ich hier nochmal? Ah, irrsinnig altes Ahnengrab der Königsfamilie.

Ok, leise die Tür zur inneren Kammer öffnen und sofort einer Horde unruhiger Geister davon rennen … bis ich … um die Ecke sollte er sein, der Dimensionsstein der ersten Satyrn. Hab ihn! Jetzt nur noch schnell mit dem gefährlichen Nekromanten fertig werden – also mit Pfeilen beschießen und wegrennen und schießen und rennen. Geschafft!

Nachdem ich die Geister aus dem Bann des Totenbeschwörers befreit hatte, gingen sie in ihre Gruft zurück. Ein paar dankten mir noch und ein Geisterehepaar stritt

---

[8] Wiedergänger aus der nordischen Mythologie

sich sogar: „Die nächsten Äonen[9] darf ich aber an der Wand schlafen." „Na gut, dafür gehst du das nächste Mal Brötchen holen."

Ich ritt schnell zum Turm der alten, ehrwürdigen Magistra. Gab ihr den Stein und sagte, dass das wohl die Machtquelle des Nekromanten sei und jetzt alles wieder in Ordnung ist und … ach ja, Belohnung? Sie hörte mir nicht zu, fuchtelte mit den Armen und sprach wirr. Ein Portal öffnete sich, aus dem der Dämon Zinzeszin trat. Er stürmte sofort auf uns zu.

Nun machte ich wirre Gesten: Rief einen Bären herbei, ließ im geschlossen Raum Blitze vom Himmel niederprasseln und schlug mit meiner riesigen Axt so hart auf Zinzeszin ein wie ich nur konnte. Der Dämon zog sich in einer Ecke zurück und bat um Gnade. Die Magistra nutzte die Chance für einen Pakt: Er macht sie wieder jung, schön und begehrenswert … und vor allem unsterblich. Dafür darf er sie dann nach langer, langer Zeit ins Reich des Vergessens entführen, in dem sie auf ewig leiden wird für seinen Fürsten Vark Jo'sef.

Ich fühlte mich verarscht. Ihr ging es gar nicht um die Ruhe im Grab der Satyrn. Sie wollte bloß den Stein. Hätte ich auch selbst darauf kommen können. Warum sollte eine Magistra sich auch um die beklagenswerten Ahnen der verhassten Königsfamilie sorgen. Anschließend erzählte sie mir, es ginge hierbei nicht um sie. Bedrohliche Zeiten stünden bevor und sie müsse dann noch leben, um das Schlimmste abwenden zu helfen.

Ein paar Wochen später erfuhr ich von einer Zentauren-Botin, dass sie mit allen Buchhaltern der anderen Häuser ein Verhältnis eingegangen ist und somit eine der

---

[9] Mehrere hundert Millionen Jahre. Allein die Erdgeschichte umfasst lediglich vier Äonen.

giftigsten Schlangen im Intrigenspiel der Chimären[10]-Dynastien geworden ist.

Aufgang Fjara

„Askjell, du Arschloch. Ich hab zwei Stunden im Regen auf dich gewartet."

„Du hättest doch, wie alle anderen auch, dich ordentlich besaufen können."

Fjara scheint ein wenig aufgebracht. „Ich weigere mich schon um zehn Uhr morgens betrunken an irgendeinem Festmarsch mitzumachen und marodierend in fremde Gärten einzufallen."

Das Ravensburger Rutenfest. Ich hatte keine Lust, wollte ausschlafen und außerdem regnete es schon den ganzen Tag wie aus Eimern. Auf die Suche nach einem Artefakt der ursprünglichen Chimären zu gehen, schien mir weitaus verlockender. So verlor ich mich in diesem Abendteuer, worüber ich Fjara vergaß.

„Die Kinder waren wirklich nach Kasten geordnet.", erzählt Fjara „Sie hatten diese hässlichen Trachten an und nix weiter. Der Rest waren Trommlergruppen und andächtiges Gegröle."

Ich hätte gedacht, dass sie noch feierlich Stöcker in eine Grube werfen. Nach allem was ich gehört hatte, ging dieses Fest auf einen eigentümlichen Brauch zurück. Nach der Einschulung rissen die Schüler ihre eignen Ruten von den Bäumen, mit denen sie die gesamte Schulzeit über ‚diszipliniert' wurden. Am Ende der Schulzeit bedankten sich die Schüler für die handgreifliche Aufmerksamkeit ihrer Lehrer. Sie warfen die Ruten in eine Grube und feierten den Eintritt ins Erwachsenenalter.

---

[10] Mischwesen wie Zentauren, Minotauren, Satyr etc.

„Ich frage mich, wie die kleinen Bengel wohl reagieren, wenn man ihnen sagt, dass ihre Urgroßväter noch zum Mann geprügelt wurden."

„Das ist eigentlich eine gute Idee. Wo hast du dein Nudelholz? – Eine Pfanne reicht auch."

Ich schütte uns beiden einen Becherovka ein, ihr gleich einen dreifachen.

„Das alte Brauchtum der Oberschwaben ist dir also doch nicht so wichtig – wo du doch vorgestern noch blumig davon geschwärmt hast. Stattdessen sitzt du hier in Unterhose und zockst."

Sie schüttet uns noch einen ein.

„Hattest du dir nicht vorgenommen, deine Zeit und dein Geld nur noch sinnvoll zu verwenden?"

„Mach ich doch. Ich bin nun der Besitzer eines ‚The Ancient Void Online'-Premium-Kontos und verwandle mich in die ideologisch verderbte Elfin ‚Lamya Domirisk': *Für die Königin. Für das Nachtschwertkönigreich!*"

„Und in Utgard gibt es kein Telefon, um mal kurz deiner Freundin Fjara Bescheid zu sagen, dass du dem Eskapismus frönst?"

"Einst träumte Dschuang Dschou, dass er ein Schmetterling sei, ein flatternder Schmetterling, der sich wohl und glücklich fühlte und nichts wusste von Dschuang Dschou. Plötzlich wachte er auf: Da war er wieder wirklich und wahrhaftig Dschuang Dschou. Nun weiß ich nicht, ob Dschuang Dschou geträumt hat, dass er ein Schmetterling sein, oder, ob der Schmetterling geträumt hat, dass er Dschuang Dschou sei, obwohl doch zwischen Dschuang Dschou und dem Schmetterling sicher ein Unterschied ist. So ist es mit der Wandlung der Dinge." Ich bin ein wenig stolz, dass mir direkt dieses tolle Bild eingefallen ist.

„Ehrlich? Ein plumpes Zhuangzi-Zitat."

„Hey, es gibt ja wohl keine größere Wahrheit als einen Schmetterlingstraum."

Auf einmal muss ich wieder an Blumenberg denken, wie er erwähnt, dass der Mensch überhaupt nicht bereit ist für diese Welt bzw. für die Wirklichkeit. Es sei nicht die Anpassungsfähigkeit eines Mängelwesens, die uns überleben ließe und schon gar nicht der Aufbau von Institutionen, sondern die Gabe der Wirklichkeit in Gleichnissen, Symbolen und Metaphern zu entfliehen: Das Leben, die Existenz ist eine ernstzunehmende Verlegenheit.

Diese Erkenntnis absichtlich falsch verstehend, mache ich Fjara den Vorschlag, die eigentlich gerade erst angebrochene Flasche Kräuter, also die originale 1L-Flasche aus Tschechien, mit mir zu leeren und nebenbei ein paar Jollen zu drehen. Auch hätte ich Lust mit ihr die gesamte, aktuelle Staffel „Games of Thrones" anzuschauen, weil ich gerade so in Fantasy-Stimmung sei. Sie willigt ein.

Aber wir sollten vorher kurz losziehen und uns für das bisher ausstehende, üppige und dekadente Frühstück eindecken. Also trinken wir noch einen und ziehen taumelnd in die Stadt.

Abgang

Alex zockt

Voller Stolz auf seine großartigen, wenn auch kryptischen Überlegungen, beschließt Alex eine kurze und wohl eher längere Pause einzulegen. Der Welt und ihren Machenschaften sowie deren Albernheiten würde er schon noch auf die Schliche kommen und dann aus vollem Herzen lachen.

Zum Zeitvertreib masturbierte er zunächst auf lustige Tentakelpornos, um sich schließlich seiner wahren Leidenschaft zu widmen: Endlich das letzte Level seines derzeitigen Lieblingsspiels zu schaffen. Bei dieser Perle eines RPG[11]-Adventures, dessen Designer sich kurz nach der Fertigstellung in einen Toaster geworfen haben sollen, handelt es sich um „Du sollst Danke sagen, du blöde Sau". So zumindest hieß der Titel im Early-Access, war aber zu sehr Kinsky. Final heißt das Spiel schlicht „LIEBE". Bei der Entwicklung ist so viel Material entstanden, dass aus den drei Schwierigkeitsgraden leicht, mittel und schwer eine sich aufbauende Trilogie geworden ist: Naiv, Normal, Real.

Den Charakter, den man jeweils steuert, die Heldin der Geschichte, Beatrice, kommt in einer bizarren Welt vollkommen lädiert zu sich und will herausfinden, wie sie zu den Verletzungen gekommen ist und sie will die Welt zu einem besseren Ort machen. Frei nach dem Motto: Die nach mir kommen, sollen es einmal besser haben als ich. So steht es auch explizit im Teaser und wird nochmals im Tutorial erwähnt.

Im ersten Teil „LIEBE-Naiv" lernt Beatrice nach und nach ihre Freunde, die Familie und ihre Bekannten kennen. Sie unterhält sich mit ihnen oder man sitzt auch mal bloß drei Stunden mit ihnen gemeinsam vorm Fernseher und lernt so nach und nach die Sorgen und Nöte der Leute kennen. Dann nach einiger „Beziehungsarbeit" hat man die Option, nach den Gründen des eigenen Unheils zu fragen. Doch, bevor man jeweils eine Antwort erhält, muss man natürlich erstmal eine Quest erledigen: angefangen bei der Reparatur des Hühnerstalls bis hin zur Er-

---

[11] Role Play Game

richtung eines Krankenhauses. Wie es bei solchen Spielen so üblich ist, bleiben die erhofften Antworten vage und man wird zum nächsten geschickt, wo das Ganze von vorn losgeht: Beziehungsaufbau, Quests, Belohnungen.

Dabei „entwickelt" sich der Charakter weiter und kann übermenschliche Fähigkeiten erlernen: wahnsinnig stark sein oder superschnell bis hin zum Erlernen der Telepathie und der Zeitmanipulation. Die Aufgaben, die an Beatrice herangetragen werden, werden immer unsinniger, wie z.B. dafür zu sorgen, dass während eines Krieges die eigene Stadt von Bombenangriffen verschont bleibt, wozu man die komplette Kommune verdunkelt. Das dafür eine andere Stadt vollends dem Boden gleichgemacht wird, verbleibt als Running-Gag in der Bevölkerung.

Die Bewohner sprechen Beatrice immer eindringlicher persönlich an und verweisen auf die gemeinsame Freundschaft, den lokalen Patriotismus, die Nachbarschaftssolidarität und schließlich auf ihre Mitmenschlichkeit. Nun ist es so, dass mit dem vermehrten Einsatz ihrer absurden Fähigkeiten, die Welt immer absurder wird. Kriege brechen ohne Grund aus, Wasser wird zur reinen Ware, effiziente, kostengünstige Krebstherapien werden von der „Heiter-Lobby" sabotiert, Clowns und Narren übernehmen die Herrschaft, das ewige Eis schmilzt, intelligente Roboter pflegen die Alten und Kranken ... und Mayo-Tütchen kosten das Doppelte, obwohl es Ketchup nun wieder gratis zu den Pommes gibt. Schließlich wird die Atmosphäre zum neuen, lukrativen Anlageobjekt, so wie Land und Immobilien zuvor, was aufgrund einer enormen Hybris und Ignoranz, den Himmel auf die Erde stürzen lässt ..., was wiederum Beatrice lädiert zurücklässt. – Voila.

Wenn man nun auf „Normal" spielt, trifft der Charakter auf weniger ideale Zustände. So sind die zu erfüllenden Aufgaben stets zwischenmenschlicher Natur und somit eigentlich nicht zu erfüllen. Den einen soll man trösten, auf einer lahmen Feier soll man für gute Laune sorgen und dem Partner soll man die Sterne vom Himmel holen, um wenigstens einmal romantisch zu sein. Auch hier werden mit der Zeit die Aufgaben extrem aberwitzig. Zum Beispiel wünscht sich der Lebensgefährte von Beatrice, dass sie ganz schnell braun würde. Wenn sie dann nach Stunden des Bratens am Strand mit einem sehr ungesunden, erdbeerroten Sonnenbrand zu ihm zurückkehrt, wird er wütend, begrabscht einen und ergötzt sich dabei an den Schmerzen, was ihn wahnsinnig macht vor Geilheit und man die nächsten 45 Minuten zusehen muss, wie Beatrice voller Qualen gefickt wird. Schlussendlich wird man dazu getrieben den Partner doch bitte schön zu komplementieren oder wenigstens Eltern und Schwiegereltern eine gute und vor allem ehrbare Tochter zu sein.

Alex schafft fast keine Quest, was dazu führt, dass der Heldin der jeweils erfolglose Ausgang zu Last gelegt wird: die Trauer, die stinkende Langweile, die Unlust, die unerfüllte Sehnsucht nach einer romantisch-sinnlichen Beziehung auf Augenhöhe und die Schande, die über die Familie gekommen ist.

Zu Beginn des zweiten Teils standen einem sofort alle Questgeber und die gesamte Karte zur Verfügung. Mit dem Verfehlen der jeweilige Questziele, wird man immer mehr ignoriert und abgelehnt. Die Karte wird immer weiter ausgegraut und schließlich wird man in die Wüste geschickt, was Beatrice lädiert zurücklässt. – Viola.

Der letzte Teil „LIEBE Real" ist nun etwas für wahre Rollenspielfreunde und muss zur schlussendlichen Absolvierung der Trilogie 17-mal durchgespielt werden, dafür geht das diesmal mit durchschnittlichen 12 Stunden Spieldauer aber auch ganz fix.

Die Aufgaben ähneln dem zweiten Teil und werden bloß um eine existenzielle Note erweitert. Also, z.B. statt jemanden zu trösten, muss man ihm das Urvertrauen *beibringen*. Ebenso verhält es sich mit den Auswirkungen, wenn man scheitert. So versaut man den Partner nicht nur die Gelegenheit auf eine romantische, leidenschaftliche Liebesbeziehung, sondern verdammt ihn zur völligen Beziehungsunfähigkeit. Aber der finale Teil kommt mit zwei neuen Features daher. So wird der Umstand der Lädierung von den NPCs[12] als abstoßend, ja teilweise provozierend empfunden und jeder ist schon von vornherein von einem enttäuscht. „Deine bloße Anwesenheit macht mich krank." Der Grad der Aversion steigt im Laufe des Spiels erheblich und da greift, dann das zweite Feature: Beatrice, unsere Heldin, verliert nach und nach basale Fähigkeiten. So fängt sie an zu stottern oder verstummt irgendwann ganz. Auch die Bewegungen werden holpriger und man sieht zunehmend verschwommen – so als würde Milchglas zwischen Beatrice und den Rest der Welt stehen und nur noch die Spitzen durchkommen. Diese Defizite, oft ausgelegt als Faulheit, Arroganz oder Lebensfeigheit schüren zusätzlich das Feuer der Verachtung. Irgendwann, zu einem viskosen Klumpen Hack deformiert wird unsere Heldin von einem Mob an Freunden und Familienmitgliedern gesteinigt, was sie – genau! – lädiert zurücklässt. – Voila.

---

[12] Non-Player-Charakter

Endlich geschafft. Weil Alex als einer der ersten hundert das Spiel absolviert hat, darf er sich selbst als NPC ins Spiel bringen. Alex' NPC-Quest lautet „Hilf mir, mein Leben nicht zu überspringen".

Askjell frühstückt

Hätte ich doch den großen Rucksack mitgenommen oder wenigstens einen Extrabeutel. Hm, ... was haben wir denn alles:

- Tomatensaft
- Grapefruitsaft
- 1 x Avocado
- Pseudo-Kaviar
- Sekt, trocken
- 8 x Brötchen
- 2 x Astra (für den Weg)
- 1 x Gurke
- Räucherlachs
- Weichkäse
- Bergkäse
- Packung Schrimps
- Herbe Orangenkonfitüre
- 10 x Quarkbällchen
- 3 x Paprika
- 4 x Tomaten
- 3 x Mate

Ich will gerade nochmal zur Kasse, um eine Tüte zu holen, da sehe ich Fjaras Blick, der sagt: „Du musst das nur richtig packen. Außerdem sind diese Tüten zu teuer und dann auch noch Plastik." – Also packe ich.

Ok, alles verstaut – fast. Der Rucksack ist bis zum Bersten gefüllt. Es war eine riesige Kraftanstrengung den Reißverschluss zu zukriegen. Stolz sage ich, mehr zu mir als zu Fjara: „Geschafft."

„Und der Rest?"

„Na, den können wir ja wohl auch kurz in die Hand nehmen."

„Ok."

Fjara nimmt mühelos die Saftpackungen, den Sekt und die Brötchen. Ich nehme die Quarkbällchen und die Tomaten. Auf dem Weg fällt mir ein, dass ich doch eben die zwei Flaschen Astra gekauft hatte, um sie auf dem Heimweg zu genießen. Daraufhin nehme ich alles in die rechte Hand sowie unter den rechten Arm und versuche im Gehen lässig mit der linken Hand zurückgreifend ans Astra in der Seitentasche des Rucksackes zu kommen, um es virtuos an der Kante des nächsten, städtischen Müllkorbs zu öffnen.

Fjara schaut mich erwartungsvoll an – ich gebe ihr das Bier. Auch ein zweites Mal wird mir dieses Kunststück gelingen, jedoch macht sich auf der Höhe des Instituts für Geographie ein Quarkbällchen davon. Ich verfolge es zur Eingangstreppe des Instituts, wo es sich die ansässigen Punks schon eine Weile gemütlich gemacht haben.

Beim Versuch dieses verräterische Teigbällchen aufzuheben, reiße ich mir nahezu buchstäblich den Arsch auf – ich fetter Sack. Das Gelächter fiel geringer aus, als ich erwartet hätte. Lediglich die Punks freuten sich ein zweites Arschloch. Alle anderen Passanten, dachten bloß, dass das Gesocks schon wieder betrunken ist und nahmen meinen Ausfall gar nicht zur Kenntnis.

Aus dieser Verlegenheit heraus und mit etwas Selbstironie setzen wir uns zu den Treppenbewohnern und tranken unser Bier mit ihnen. Dann tranken wir den Sekt und schließlich breiteten wir auf den kalten Stufen unser Frühstück aus.

Und so lernten wir Osrun kennen – eine tatsächlich unglaublich sympathische, junge Studentin der Archäologie. Ich habe zwar keine Ahnung was Archäologen genau machen, aber ich dachte mir sofort: richtige Studienwahl. Osrun schien die fleischgewordene Vorstellung einer ambitionierten, quirligen Entdeckerin oder Abenteuerin zu sein.

Fjara und Osrun freundeten sich schnell an. Sie redeten über ihre Lieblings-Anime-Charaktere und deren Daddy-Issues, ebenso spekulierten sie über die aufgezeigten Weltanschauungen in den verschiedenen Fantasy-Universen.

Der nicht vorhandene Vater, ein zermürbender Demiurg und eine vorauslaufende Erlösungsidee als Wiederentstehung eines Urzustandes: Gnostizismus[13] in bunt.

Ich gab meinen Senf aber nicht dazu. Ich wollte die beiden nicht stören oder mich aufspielen. Außerdem misstraute ich Osrun ein bisschen: so viel Frohsinn und Optimismus – und dieses Engagement. Da ist doch bestimmt was faul. Fjara schaute mich an und schüttelte ihren Kopf.

Fjara war ganz neugierig auf diese Frau und was sie so macht. Und ich bilde mir ein, beide fanden darüber hinaus Gefallen aneinander. So lud uns Osrun für heute Abend zu sich ein, um dieses Kennenlernen fortzufüh-

---

[13] Durch den Demiurg, eine Art Weltbaumeister bzw. Schöpfergott, wurden die Menschen in der materiellen Welt eingekerkert. Sie sehnen sich allerdings nach ihrer wahren, ursprünglichen Welt und göttlichen Abstammung. Lediglich eine Reminiszenz, ein Funke, das „Pneuma" verbindet sie noch mit der alten Heimat. Die hiesige Welt, in die sie reingeworfen wurden, kommt ihnen hingegen sinnlos und feindlich vor.

ren. Ich hatte erst geglaubt, sie würde mich bloß aus Höflichkeit mit einladen und versuchte mich für den Abend rauszureden.

„Sorry, muss noch meinen Hund kastrieren", sagte ich unbeholfen. Aber sie meinte tatsächlich, sie hätten die originalste aller originalen Becherovka-Flaschen und ich solle kein Idiot sein – was Fjara nochmal mit einem Blick unterstrich.

Osrun musste nun schnell in den Stadtpark, irgendwas mit Besen zwischen die Schenkel klemmen, einer Fliege oder so folgen und einen kleinen Ball werfen – glaube ich. Zum Abschluss gab sie mir noch eine Sicherheitsnadel für meine Hose und Fjara einen Blick voller Vorfreude.

Alex im Meeting

Fahrlässiger Weise hockt Alex relativ nüchtern und klar in einem Meeting und denkt und fühlt, dass es kein gutes Ende nehmen wird.

Oh verdammt, ich hätte gestern Abend definitiv mehr trinken müssen. Noch betrunken würde ich diese Sitzung souverän überstehen, könnte über jeden Bullshit lachen und gute Miene zum bösen Spiel machen, aber so im Ausnüchtern …

Oh nein, die Chefin will mir eine Frage stellen – bitte nicht – bitte keine albernen Fragen. Sie fragt: „Herr Menschikov, sollte es bei der Antwortmöglichkeit nicht besser ‚bewerkstelligen' heißen, anstatt ‚stattfinden lassen'? Ich finde, das klingt proaktiver."

Warum sitze ich hier überhaupt? Was mache ich in einem Gremium für Qualitätsmanagement? Keiner im

Saal hat Ahnung vom Thema oder der Methode, deswegen stellen die auch so kleinkarierte Fragen, um so zu tun als ob – die lächerlichste Form des Aktionismus.

„… das lässt unsere Kunden womöglich aktiv an ihren eigenen Lernprozessen teilhaben." Etwas Bescheuerteres habe ich noch nie gehört, selbst von ihr nicht. Wenn ich mich heute Abend wieder besaufe, werde ich zum Wirt sagen, er soll mir den Schnaps so anreichen, dass ich mich aktiv am eigenen Trinken beteiligen kann.

„…die Agentur wird darauf achtgeben müssen, dass wir viele *starke* Wörter verwenden. Wir sind schließlich nicht von gestern."

Oh, ich wusste, dass ich es irgendwann nicht mehr unterdrücken kann: „Schweig still." (leise), „Schweig still." (leise) – „Halten sie ihre scheiß Klappe, sie olle Fotze!" (weniger leise), „Sein sie doch bitte so freundlich wenigstens einmal in ihrem Drecksleben konsequent ignorant und selbstverliebt zu sein, *ficken sie sich selbst.*" (freundlich, aber bestimmt).[14]

Wären wir in einer Bar, hätte sie mir in allen Farben ihr geringes Selbstwertgefühl ausgemalt: die Kinder, von denen man nichts hört, dem Mann mit einer Jüngeren im eigenen Schlafzimmer, das Getuschel im Verein, ja selbst

---

[14] An dieser Stelle entschuldigt sich Alex. „Fotze" und „Ficken" sind Wörter, die bei ihm für gewöhnlich positiv konnotiert sind. Ich wollte sogar schon eine Petition starten dafür, dass Fotze mit V geschrieben wird. Votze mit langen VVVV würde sich viel lautmalerischer anhören. Und „Go fuck yourself" vernünftig und griffig ins Deutsche zu übersetzen, überfordert mich einfach: Eine absichtlich angenommene Haltung der Ignoranz, eigenen Minderwertigkeit und Unheilsehnsucht, was sich zunächst in einer Enthemmung äußert und in gezielter, totaler Selbstzerstörung endet.

der Garten trägt diesen Frühling keine Blüten. Wahrscheinlich hätte sie mir hinterher fürs Zuhören gedankt und zuhause ordentlich auf den Tisch gekackt.

Wären wir in ihrem Büro hätte sie meine Äußerungen als Ausrutscher abgetan, vor allem für sich hätte sie tatsächlich so getan, als hätte sie das nicht gehört – ein wirklich ausgeprägtes Talent zur Verdrängung.

Doch hier, umgeben von allen Hauptabteilungsleitern, Männern, deren Treffen stets einer Schwanzparade gleichen, geht das nicht. Alles was von diesen *Herren* kommt, kann einfach versinnbildlicht werden, indem man sich drei alte Säcke vorstellt, die immer wieder mit ihrem Gemächt auf den Tisch hauen und sich gegenseitig zum Kommen gratulieren. Hier muss sie etwas sagen, sie, die Margaret Thatcher der Werbebranche, darf sich hier nicht die Locken aus der Frise bügeln lassen. Sie holt ihr Handy raus, wartet kurz, hält es an ihr Ohr und sagt klar und überdeutlich betont: „Herr Menschikov, sie erwartet leider gerade ein dringender Termin in unserer Personalabteilung."

Askjell kauft drei Hosen

Ich beschloss mir eine neue Hose zu kaufen. Fjara schickte sich an, mir schnell beizupflichten, da sie richtig vermutete, dass mir ansonsten der Mut schnell wieder abhandengekommen wäre. Wir beide hassen es, Klamotten kaufen zu müssen. Warum dies bei Fjara so ist, weiß ich nicht. Sie hat für sich den Workaround entwickelt, alles nur noch online zu bestellen – schließlich steht ihr ja auch alles. Die Frau könnte einen Kartoffelsack tragen und wäre immer noch wunderschön. Als ich ihr das so sage, meint sie, ich soll die Klappe halten und diese Empathie-Sache nochmal üben.

Naja, ich – in meiner ganzen Pracht und Fülle – fühle mich von der angebotenen Kleidung gar nicht so sehr gedemütigt als eher verunsichert. Ich glaube, nur in einer Kinderkrippe würde ich noch unbeholfener rumstehen als in einem C&A, H&M, P&K, ABC, wer wie was …

Aber in dieser Stadt gibt es einen Laden, in dem drei sehr grantige, alte Frauen die gut versteckte und geheimnisvolle Übergrößenabteilung befehligen. Ich werde ihnen mein offensichtliches Problem erläutern. Sie werden mich argwöhnisch betrachten und voller Verachtung die Nasen rümpfen bis schließlich eine sagt: „Das kenne ich von meinem Mann." Die anderen nicken wissend. Nun greift jede ohne hinzusehen, zielsicher und bestimmt in ein Regal und wirft mir eine Hose zu. Danach deuten alle despotisch-auffordernd auf die Umkleidekabine.

Ich probiere die erste Hose an – passt wunderbar und fühlt sich auch ganz gut an. Beschließe, diese soll es sein. Da diese Hose alle meine Anforderungen erfüllt, probiere ich die anderen erst gar nicht an. Verlasse die Kabine erleichtert und lache Fjara zu meiner Linken an. Rechts stehen die drei Furien. „Die anderen gefallen ihnen wohl nicht!"

„Die hat unser Kleiner in der Zeit bestimmt gar nicht anprobiert.", lacht die zweite so, dass man ihr Zahnfleisch samt verrutschtem Gebiss sieht.

„Ach, sagen sie nichts." verlautbart die dritte abwertend-resigniert.

Szenenwechsel Café

Ich sitze mit Fjara und meinen drei neuen Jeans im Café und versuche bei einem starken, schwarzen Kaffee wieder zu mir zu kommen.

Fjara kann ihr Grinsen nicht verbergen: „Wie du immer wieder versucht hast etwas zu sagen, aber bloß vor dich hin gebrabbelt hast. Und als du dann, im letzten Moment, noch versucht hast deine Kreditkarte zu zerbrechen, wirktest du so lächerlich wie dieser ‚Trotzmensch‘, von dem du mir erzählt hast."

Ich versuche gekränkt zu wirken, schaue aber bloß verdutzt drein.

Fjara nimmt eine tröstende Miene an: „Schau mal, ich glaube, dass deine Situation im größeren Maßstab gedacht viel eher unsere unmögliche Position beschreibt. Wir sind dazu angehalten immer alle drei Hosen zu kaufen und diese doch auch bitte schön alle gleichzeitig zu tragen, nebeneinander nicht untereinander. Es ist eine Art Zwang zum Positivismus, der Leid und Bedürftigkeit, sozusagen die Großen Schwestern von Gelassenheit und Genügsamkeit, einfach ausstreicht. So treten wir andauernd von einer Stelle auf die nächste und zurück. Du musst Familie haben, aber dir deine Freiheit bewahren, gut und gesund aussehen, aber nicht so tun als hättest du dafür etwas gemacht. Sei du selbst und authentisch. Das lieben die Leute, solange du so bist, wie die Leute dich lieben. Und wir können nicht Nein sagen. Schlechte Laune, Krankheit, Hässlichkeit, Tod gibt es höchstens als Phase aus der man ‚gestärkt‘ hervorgeht oder sie bilden lediglich die Kontrastfolie zum glücklichen Leben. Jeder ist seines Glückes Schmied, Askjell.

In dieser auslaugenden Situation sind wir wie traumatisiert, werden apathisch und steril. Keiner weiß mehr was *Erfahrungsnahme* meint, niemand vernimmt das Pathos."

„Ja schon, aber die Leute, wir, halten uns doch gerade an der dahinterliegenden Verzweiflung fest – als die wahrscheinlich lächerlichsten Gestalten der Weltgeschichte."

„Angesichts unserer unmöglichen *Offenständigkeit* und Lernblockade braucht es wohl eine Krise, die uns …"

„Aber wir leben doch in Zeiten der wechselnden Dauerkrisen. Krisen *stören* uns nicht mehr."

Wir schauen beide resigniert in die bittere, dunkle Unendlichkeit unserer Kaffeetasse bis Fjara meint: „Aber Krisen sind doch bloß ein Konstrukt einer gelebten narrativen Konfiguration."

„Das heißt?"

„Wir müssen einfach eine andere Geschichte erzählen." Fjara strahlt ob ihres Einfalls. Ich lächele zurück, auch wenn ich nicht verstanden habe, was sie meint. Aber ihre Euphorie ist ansteckend und macht mir Hoffnung.

Alles Weitere, was sie dann sagte, war unverständliches Gelabber: „Eine andere Geschichte, keine Neuerzählung, eine Wiedererzählung – nicht der Geschichten der Geschichte, sondern der Geschichte der Geschichten. EXIT." Sie war ganz aufgeregt und auch ich spürte die aktivierende und durchschlagende Wirkung des Kaffees. Sie sah mich an und meinte, sie hätte gerade keine Zeit für meine Befindlichkeiten, beschrieb mir wo Osrun wohnt und machte sich aus dem Staub.

Ich suchte erst mal die Toilette auf und fragte mich in dieser Abgeschiedenheit, was verdammt noch eins Fjara durch den Kopf ging. Ich dachte immer, ihr ginge es um das *Ankommen*. Hm …

Alex ist arbeitslos

„Okay, ein Jahr lang volles Arbeitslosengeld. Let's go!" dachte sich Alex. Endlich hatte er die Gelegenheit seine Wohnung zum Zentrum des kritischen Denkens und des kulinarischen Wohlgefallens umzugestalten. Er hat die Idee einer ganz besonderen Leseküche: jeden Tag wird es mindestens zwei verschiedene Eintöpfe geben und Salate sowie einiges zum nebenher essen. Der Kühlschrank ist selbstverständlich für Bier und guten Weißwein reserviert, Saale-Unstrut, und im Tiefkühler befindet sich immer ein Braten – vorwiegend Kaninchen– kann aber auch dann und wann eine Ente sein. Wild wäre natürlich auch großartig.

Von Badiou und Baudrillard über Deleuze und Foucault bis hin zu Blumenberg und Zizek liegt alles in den Schränken, Ablagen und Regalen. Selbst die unbenutzte Mikrowelle ist voll mit Kierkegaard und Waldenfels, den Kram kann man nur vorgegart rezipieren, außer man hat einen starken Magen. Die Künstler von oben, die Pflegefachkräfte von unten, die Hippies von gegenüber und die Hindus die Straße runter – alle machen es sich bequem, sorgten für mehr als nur den Bauch und verdauten bei gewagten Lebensentwürfen und wiederbelebten Träumen. Für den leichten Abgang liegen auf dem Klo die aktuellen Werke von Rosa und Byung-Chul Han, was nicht nur abwertend gemeint ist, hat man doch auf den Abort die meisten und besten Ideen.

Und am Anfang, die ersten Monate, war dies genauso, wie beschrieben. Doch die Rettung der Welt wollte sich nicht so recht einstellen, Paradigmenkämpfe brachen aus und bei dem immensen Alkohol- und Graskonsum reichte es bald nur noch für ein Schälchen Kohlsuppe für jeden. Wenige blieben, ein paar verstritten sich und mit den Treuen war nicht viel anzufangen. Die letzten drei Monate beschloss Alex, einsam und asozial zu wohnen, alleine und dicht.

Nun war das Geld alle, die letzte Hülse geleert und am Horizont standen seine beiden Angstgegner, die Nüchternheit und das Amt.

Alex hockt wieder in der Wüste

Zu lange war Alex Nebelkerzen nachgejagt, im Alltag und vor allem früher auf der Arbeit. Er war wie im Traum und hatte doch lange von nichts mehr ernsthaft geträumt. Der Wunsch nach Anerkennung, Selbstbestätigung und der Herausforderung waren lediglich der Initialschuss für eine tiefe Narkose, auf deren Banner Sätze stehen wie „Mach was aus deinem Leben." oder später „Setz dem Leben deinen Stempel auf."

Wie lange war er schon in diesem Taumel und warum nimmt dieser Wunsch, gebraucht zu werden, gerade in der Arbeitslosigkeit noch zu? Nun soll der Taumel aufhören und sei es mit aller Gewalt. Spätestens als Alex den Absinth nicht mehr aus dem Glas trank, sondern direkt zur Flasche griff, wusste er genau, wohin die Reise geht. Er wusste, dass es nach einem kurzen Hochgefühl einen langen Absturz geben wird, der die glückseligen Wolken, auf denen er einst schwebte, durchschlagen wird.

Alex fand sich in der so vertrauten Wüste wieder, in der er zurückblickend wohl schon lange hauste. Er hatte fast jegliche Beziehung zur Welt und zum Nächsten verloren. Nichts sagte ihm mehr etwas, alles schien bedeutungslos und keinen seiner Gedanken konnte er zum Ausdruck bringen, zu keiner Emotion war Alex fähig. Das Einzige, was ihm blieb war der Schmerz, als müsste der Körper einspringen, um den Hauch eines Widerhalls, als ein Antworten auf die Welt aufrechtzuerhalten.

Elend meinte ursprünglich das Gefühl, dass jemand empfindet, der fernab der Heimat verzweifelt. Bei Alex ist diese Verlorenheit existenzial[15] zu begreifen, so als gäbe es ein In-der-Welt-Sein per se nicht mehr.

Alex verkümmert im rasenden Stillstand. Es breitet sich eine stechende Angst in ihm aus. Er wünscht sich Fjara herbei, die ihm beisteht, andererseits will er so erbärmlich gerade nicht gesehen werden. Die Scham wäre das eine, viel schlimmer würde jedoch wiegen, dass es dann eine Mitwisserin gäbe. Wie könnte er den Schmerz, die Verzweiflung, die Beziehungslosigkeit und Trennung[16] verdrängen, wenn dies noch jemand bezeugen würde.

Das Subjekt und die Welt sind nicht die Bedingungen eines relationalen Gefüges, sondern ihr Resultat. Erst aus der Beziehung *entstehen* die beiden Pole: das Selbst und die Welt. Sie sind stets aufeinander bezogen und nie wirklich getrennt voneinander, gleichwohl es die Möglichkeit gibt, sich so zu verhalten, als hätten beide nichts miteinander zu tun und als es gäbe keine *Ver-Antwortung*.

Alex muss nun diese Illusion der Trennung gehen lassen, doch er hat furchtbare Angst und er kann es einfach nicht. Sein Leben war vom Streben nach Glück, Erfolg und Positivismus bestimmt, er hatte die Wände zur Negativität, Abwesenheit und der Unverfügbarkeit von Selbst und Welt schon vor langer Zeit hochgezogen.

---

[15] Es betrifft die Verfasstheit von Existenz selbst.
[16] wörtlich Sünde

Schlimmer noch: Sein bisheriges Leben wies jede Negativität als etwas Grauenhaftes aus, das diesem Leben entgegensteht und bekämpft werden muss:

> *Das Leid, der Schmerz und die trivialen*
> *Leidenschaften müssen bekämpft werden.*
> *Der Tod ist das Andere des Lebens.*
> *Der Anfechtung der eigenen Souveränität über sich selbst werden sämtliche Riegel*
> *vorgeschoben.*
> *Der Nächste wird festgestellt und die*
> *Welt zum Begriff.*
> *Die Responsivität des Unverfügbaren*
> *weicht vor der Angst vor dem Unberechenbaren.[17]*

So entleert sich dieses positivistische Leben selbst, weil es sich seiner Kontingenz und Antwortcharakters beraubt und zum Überleben verstümmelt.

Alex lässt los und gibt sich selbst auf und der Dunkelheit hin, die ihn umschließt und alles über ihn hereineinbrechen lässt, bis schließlich ein verwandelnder Schlaf eintritt. Dieser ist lang und erholsam. In den nächsten Tagen nimmt Alex intuitiv Abstand von allem, was die Trennung wieder aufklaffen ließe bzw. was das Aufbegehren des Selbst provozieren würde. Er isst und trinkt nur für den Bauch, nicht für den Mund. Hört eher zu,

---

[17] Die Erfahrung rührt her von einem unbestimmten Aufruf und wir erkennen lediglich unsere Antworten bzw. Gestimmtheit (Response) in Bezug auf dieses „Worauf", das unbekannt bleibt und müssen uns wiederum dazu verhalten (*Ver-Antworten*).
Ignorieren wir diese Ebene er grundlegenden Erfahrungsnahme oder streichen diese aus, kehrt das Unverfügbare als das fürchterliche Unberechenbare wieder. Siehe: „Das Nichts wird die Seinen wiedererkennen."

ohne darauf zu warten sich dabei profilieren zu können. Er macht sich keinen Plan für den Tag, sondern gibt sich ganz der Sache hin, macht eins nach dem anderen. Alex lässt Ideen an sich vorbeiziehen, ohne sie begreifen zu wollen und bei der schönsten Aussicht lässt er den Fotoapparat ruhen. Er lebt wie ein Mönch und schließlich schießen ihm die Lebensgeister wieder ein, so wie jemanden die süße Milch einschießt, der lange eine Handvoll Weizenkörner kaute. Später, im Nachspüren dieser Tage, an denen er nicht anders sein konnte, wird sich Alex getragen gefühlt haben. Fernab jeder Verfügung, jeder Machbar- oder Berechenbarkeit, durfte sich Alex in seiner Bedürftigkeit tragen lassen und sein Schicksal kosten.

Ein inniges Glücksgefühl durchdrang Alex. Er fragte sich alsbald, wie er diese Erfahrung mit anderen teilen könnte, ja, sie für die ganze Welt, aber auch für sich selbst, aufbereiten und sie zur Verfügung stellen zu können.

Es bräuchte wohl einen gesonderten Ort, in dem die Leute dieses *Von-sich-ablassen*, *Das-sich-tragen-lassen* einüben können.

Es bräuchte eine Zuflucht.

Exkurs – Das *Ver-Antworten* und die Dichterische Tugend

In gewisser Hinsicht sind Erfahrungen Wahrnehmungen schicksalhafter Andersartigkeit, die uns berühren, bewegen, sich in uns einschreiben. Schicksalhaft, weil sie einfach über uns kommen und wir nie über sie verfügen. Andersartigkeit im Sinne von etwas, dass gerade nicht zu uns gehört, was wir uns (noch) nicht angeeignet oder kognitiv eingeordnet haben, etwas, das jede Identifikation unterläuft: Das ganz Andere, der Nächste, das Fremde, das Unheimliche, das Erhabene, das Göttliche oder Unbeherrschbare.

Diese Formen der emphatischen Erfahrungsnahme können die komplette Spannweite zwischen einer göttlichen Berufung, z.B. als Epiphanie, bis hin zu einer tiefgreifenden Affektion hinsichtlich der Verletzlichkeit von Welt und ihren Einwohnern sein, Tier, Mensch, Materie:

a. Dir wurde die Gnade zuteil. Ein ewiges *Ja* wurde über dich ausgesprochen. Du bist es, der schon immer angesprochen wurde. Du hast nur diesen einen Auftrag: Beantworte dieses *Ja*. Erwähle selbst (noch einmal) das Antworten.

b. Am Straßenrand in einem Waldgebiet hockst du über einen sterbenden Fuchs. Was du siehst, *geht dich an*. Ein starkes Mitgefühl macht sich in dir breit, zu dem du dich verhalten musst.

Es gibt vielfältige Momente des Ver-Antwortens, aber wodurch zeichnen sie sich gemeinsam aus?

Zunächst als Prämisse: Unser Lebensaustrag ist daraufhin angelegt zu antworten und wir sind es, uns in Bezug darauf zu ver-antworten. Das Antworten findet vorreflexiv und auf der Ebene der Erfahrungsnahme statt. Dabei verweist es auf den antwortenden, genauer, responsiven Charakter von Erfahrung selbst. In diesem Sinne erfahren wir etwas, indem wir auf etwas antworten. Das kann eine emphatische Berufung sein genauso wie ein an uns herangetragener An-Spruch oder eine bloße Affektion.

Das *Worauf* der Antwort, was also unser Antworten in erster Instanz provoziert, bleibt dabei jeweils unbestimmt, wobei der Sachverhalt, *dass* wir angesprochen wurden, klar vor Augen steht: Also eine bestimmte Un-bestimmtheit. So bleibt der göttliche Auftrag aus dem ersten Beispiel stets vage und dunkel, geradezu nichts sagend, aber unser Held muss dem Impuls folgen und dann vielleicht jemanden retten etc. Im zweiten Beispiel wissen wir auch nicht, was unser Mitleid auslöst. Wir haben nichts mit dem Tier gemein, keinen Punkt zur Identifikation, es stellt eine absolute Alterität dar. Und trotzdem fühlen wir uns aufgerufen, zu helfen. Dies ist es was Erfahrung ausmacht: das Antworten auf das nicht eigene, das ganz andere Andere, den Stachel des Fremden. Wir sind dabei gleichursprünglich aufgefordert uns zu diesem Antworten, der Responsivität der aktuellen Erfahrung zu verhalten und genau dies meint *Ver-Antwortung*[18]. So könnten wir den göttlichen Auftrag eine Absage erteilen und uns vom hinscheidenden Lebewesen abwenden oder umgekehrt, dass uns zugeworfene Los bejahen und für uns annehmen.

In der Ver-Antwortung greifen das Pathische und das Pathos, das Leid und die Leidenschaft ineinander.

Es gibt allerdings Lebensumstände, die uns die responsive Erfahrungsnahme verunmöglichen. Eine ideologische oder neurotische Verblendung könnte die Anrufung oder Affektion verdecken. In diesem Fall sprechen wir von einer *fundamentalistischen Reduktion*, da der Lebenszusammenhang auf bestimmte Vorstellungen, Werte und Umgangsweisen fest beschränkt wird. Die

---

[18] Das Ver-Antworten wirkt im Vergleich zum herkömmlichen Begriff von Verantwortung spontan und unvermittelt. Sie steht in noch keinem institutionellen, gesellschaftlichen oder intentionalen Verhältnis zu ihren Relata. Ver-Antwortung entspringt dem Primat des Relationalen, aber das herkömmliche Verantworten entsteht erst zwischen den Relata.

fundamentalistische Reduktion verkürzt den Lebenszusammenhang auf die Befolgung des Gesetzes, eines (Partei-)Programms oder einer Ideologie, z.B. der Einszueins-Umsetzung einer Heiligen Schrift. Die Misere des Fundamentalisten besteht darin, dass ihm der Glaube abhandengekommen ist, der Glaube an Gott, der Revolution oder Wahrheit, des Guten und Schönen – so bleibt ihm nur die rigorose, obsessive Umsetzung des Gesetzes.

In der Spielform eines gelebten Positivismus gibt es neben der fundamentalistischen noch die *funktionalistische Reduktion*. Die funktionalistische Reduktion verkürzt den Lebenszusammenhang auf einen Verweisprozess. Das Leben wird zum bloßen Überleben degradiert, indem die Mittel zum Zweck werden. Die Mittel werden nun geheiligt: Die Prozesse und Funktionen werden als das einzig Relevante betrachtet. Jede Negativität wird ausgestrichen und einem hypertrophen Positivismus das Wort geredet.

Die Misere des Funktionalisten besteht darin, dass ihm das Leben abhandengekommen ist bzw. das Leben ist ihm entleert. In der idealen funktionalistischen Welt existieren keine Reibungsverluste, kein Widerstand. Es gibt weder einen Sinn des Lebens noch die Betroffenheit angesichts der Verletzlichkeit von Welt oder das Pathos zur Verausgabung. Prozesse schließen an Prozesse an, schließen sich miteinander kurz. Dies erzeugt eine hypertrophe Dynamik, die die Möglichkeit zur Erfahrungsnahme ausstreicht: man funktioniert buchstäblich nur noch. Als Ergebnis haben wir es mit einem *Nein* zum Antworten zu tun und nicht mit einem geantworteten *Nein*. Die Hybris, Individualität und Vitalität bilden lediglich den Gegenwert zur verdrängten Wert-Losigkeit, Austauschbarkeit und Leb-Losigkeit. In diesem Zusammenhang wird eine Unsterblichkeit angestrebt, die nur auf Kosten des Lebens selbst zu bewerkstelligen ist – ein Dasein als Untoter, als Zombie der Hypertrophie.

Der fundamentalistischen und funktionalistischen Reduktion soll an dieser Stelle die „Dichterische Tugend" gegenübergestellt werden. Sie zu beschreiben, beantwortet die Frage, wie Ver-Antworung (wieder) ermöglicht werden kann: Grundsätzlich braucht es Gelassenheit und Mut. Gelassenheit, um den An-Spruch und das eigene Antworten zu vernehmen. Mut, um den *Auftrag* anzunehmen und zu erwidern.

Man erlangt Gelassenheit, indem man freundlich zur Welt steht, ihr ihren Raum gibt und Eigensinn zubilligt. In diesem Sinne hört man den Nächsten einfach nur zu, ohne darauf zu warten, selbst zu sprechen. Selbst, wenn man sich selbst wahnsinnig unverstanden fühlt, man hört einfach nur zu. Vor den freundlichen Augen versammelt sich die Natur immer wieder neu: mal verfestigt sich das Geröll zum Felsen, mal zerfließt das Gebirge im Himmel. Wir dürfen dies erschauen, weil wir es gerade nicht sind – den Eigensinn zulassen. Das Gefüge der Dinge intra-agiert ohne uns. Kommt uns ein Gedanke lassen wir ihn sich entfalten, ohne ihn gleich auf einen Begriff festlegen zu wollen. Kein Urteil kommt den wahrlich Freundlichen über die Lippen.

Wie die Gelassenheit so fordert auch der Mut, das Ablassen von sich selbst, das Gehenlassen des Egos, mit seiner Aufsässigkeit. Denn Mut erlangt man durch Hingabe. Diese wiederum darf nicht durch Kalkül, Wohlstand oder Wissen abgefedert und somit geschmälert werden. Die Hingabe bedeutet immer einen Salto Morale bei dem man sich ganz aufs Spiel setzt. Aber gerade derjenige, der mit doppeltem Boden arbeitet, wird sich daran den Kopf zerbrechen. Es ist die Hingabe an Gott, den Nächsten, einer Wahrheit oder Schönheit, an die Nacht und den Sonnenaufgang, die einen Moment für die Ewigkeit aufleuchten lässt und das *Ja* beantwortet.

In unserer Erfahrung sind wir voller Freundlichkeit und Hingabe, flüchtig[19] und wild – wie die Poesie: Dichterisch.

Alex' „Zuflucht"

Diese *Zuflucht*, die Alex im Sinn hatte, war zwar technisch gesehen eine Onlineberatungsplattform und wurde äußerlich als Hilfsangebot kommuniziert, aber es ging in erster Linie nicht darum, tatsächlich notleidenden Menschen zu helfen, wie z.B. bei der Telefonseelsorge. Die Betitelung als *Hilfsangebot* sollte den Leuten signalisieren, dass sie hier Erleichterung finden, ihnen etwas von der Last des Alltags abgenommen wird und sie dabei auch noch etwas für ihre Gesundheit tun. Das versprochene Angebot war also eine Art Zubringer und konnte auch als Stütze dienen, falls die Klienten durch andere Maßnahmen in allzu große Verunsicherung geraten.

Alex hatte im Sinn, dass die Nutzer vollkommen von der Onlineplattform eingenommen werden und wirklich glauben, ihr Heil in diesem digitalen Refugium finden zu können. Die Zuflucht stützt sich auf drei miteinander verzahnten Säulen: das vordergründige Hilfsangebot, die multimedialen Szenarien und der Selbstrepräsentationen der Klienten als Leerstelle.

---

[19] Statt auf die Beständigkeit von Selbst und Vernunft zu setzen.

Erste Säule - Hilfsangebot

Das Hilfsangebot, als eine der drei Säulen der Zuflucht, bestand aus einer medial vermittelten Eins-zu-eins-Betreuung. Diese wiederum fand in Gestalt einer Beratung, eines Coachings oder einer leichten Verhaltenstherapie statt, je nachdem, welches Bedürfnis dem Klienten attestiert wurde.

a. Verhaltenstherapie

Manche genießen es, sich an ihren Verfallenheiten[20] abzuarbeiten, um sie und sich damit auf einen Thron zu stellen. Für diese Menschen ist eine Selbstkonditionierung genau das Richtige: Immer, wenn sie sich ein wenig überwunden haben, jemanden anzusprechen, etwas mehr bzw. weniger zu essen, den eigenen Zorn zu zügeln bzw. sich nicht versteckt haben, dürfen sie sich belohnen und langsam so zum gewünschten Verhalten gelangen. Falls sie es nicht schaffen, droht Liebesentzug. Die Frühpädagogen unter ihnen werden wissen, wie wirksam dieser Entzug sein kann und zu welchen Höchstleistungen er anspornen kann, wenn erstmal eine hinreichende Abhängigkeit besteht. Sagen sie niemals ihren Kindern, dass sie besonders wären oder gut, treffen sie keine abschließenden Aussagen á la „Wir werden dich immer liebhaben." Sagen sie lieber: „Leonie-Anton das war schon ganz toll, aber Mama würde sich noch mehr freuen, wenn du dich noch ein bisschen mehr anstrengen würdest." – Es ist so falsch und macht so viel kaputt zwischen Mutter und Kind, aber es ist einfach so unwiderstehlich effizient. Außerdem muss ja auch vermieden werden, dass gerade ihr Kind vor den anderen, also vor

---

[20] Angewohnheiten und Abhängigkeiten, die einen niederhalten. So wie man bspw. dem Alkohol verfällt.

den Augen der anderen Eltern, als Loser dasteht. Die traumatischen Folgen dieser Blamage würden das Kind schließlich innerlich ruinieren.

b. Coaching

Manche treiben Wünsche und Lebensziele um, die sie nun dank elaborierter Coaching-Methoden endlich nicht mehr vor sich herschieben müssen und sogleich glückselig in ihrer Selbstwirksamkeit aufgehen. *Grow, my darling, grow.* G. R. O. W. (Goals, Ressources, Options, Way forward)

Goals

Setzen sie sich klare, erreichbare und ebenso überprüfbare Ziele. Zergliedern sie ihr großes Ziel in Etappen und setzen sich Meilensteine, an denen sie ihren Erfolg messen können.

Ressources

Welche Ressourcen stehen ihnen zur Verfügung, um ihre gesteckten Ziele zu erreichen? Bauen sie z.B. sozialen Druck auf und begeben sich in ein Netzwerk von Gleichgesinnten, die ihnen helfen das durchzustehen und den inneren Schweinehund zu überwinden. Steigern sie ihre Motivation, indem sie sich jeden Tag ihren Erfolg ausmalen und trainieren sie ihre Willensstärke wie ein Boxer seine Arme.

Options

Nun geht die Litanei der Selbstverbesserung erst richtig los: Lernen sie alle Kniffe des Zeit-, Lern- und Selbstmanagements, da gibt es immer noch etwas rauszuholen, wenn sie sich bloß richtig anstrengen und dabei die richtigen Prioritäten setzen.

Hier ist es wichtig wahrhaftig zu sich selbst zu finden, um eine authentische, unverstellte Sicht auf seine

Fähigkeiten zu haben und sich endlich nicht mehr vor den inneren Kritikern kleinhalten zu lassen. Wenn ihnen das Selbstvertrauen fehlt, fangen sie an, sich ausgiebig und umfassend selbst zu vermessen. In den Daten verstecken sich oft ungeahnte Wahrheiten und das statistische Orakel bietet ihnen, gegenüber Dritten, jene Legitimation, die sie sich wünschen, um sich mit ihrem besseren Ich nicht verstecken zu müssen. Nie mehr müssen sie das eigene Licht unter den Scheffel stellen.

Und irgendwann hat man beim Umkreisen seiner selbst sich so sehr mit sich selbst beladen, dass man den Eindruck gewinnen könnte, man wäre ein Karren. Und die Erde unter den Füßen, die einen trägt, verkommt zu Dreck, der einen (auf)hält.

Sie haben das Selbstmanagement gemeistert, wenn sie den Karren aus dem Dreck ziehen und ohne jeden Reibungswiderstand die Erlösung durch sich selbst verkünden.

Way forward

Jetzt gilt es nur noch durchzuhalten: durchhalten, durchhalten, durchhalten. Lassen sie sich nicht ablenken, verschieben sie nichts auf Morgen und lernen doch bitte richtig Pause zu machen. Lassen sie dann alles von sich abfallen, denken nicht mehr an die Arbeit oder ihre Sorgen, werden ruhig und hören ausschließlich auf ihren Atem.

Es ist dabei vollkommen okay zu scheitern. Es wäre sogar unnormal, wenn dies nicht zwischendurch auf ihrem Weg zum Erfolg mal vorkommt, dass sie einbrechen. Es ist Teil des Weges! Wichtig ist, dass sie dann sogleich wieder aufstehen und sich nicht hängen lassen. Es kommt darauf an, dass sie jeden

Tag an sich arbeiten und nicht einen Tag bis zur Erschöpfung und dann wieder eine Woche gar nicht. Auf die Regelmäßigkeit kommt es an, auch wenn sie gerade keine Lust haben, bzw. vor allem dann.

Am Ende müssen sie sich ernsthaft darauf vorbereiten sein, dass sie ihr Ziel gleich erreichen. Das kann noch einmal eine harte Zeit werden, denn hier begegnen wir uns oft als Saboteur unseres Glücks.

Viele haben die Angst hinter der Ziellinie ein nunmehr enttäuschtes Dasein führen zu müssen. Sie hegen die Befürchtung, feststellen zu müssen, dass sie eigentlich nach etwas ganz anderem hätten streben sollen oder zumindest nicht nach dem nun Erreichten. Wieder manche glauben, jetzt in ein Loch zu fallen. Die allermeisten allerdings geben sich einfach zu schnell mit dem Erreichten zufrieden, obwohl es noch so vieles zu entdecken gäbe.

Lassen sie ihr großartiges Potential nicht verkümmern. Stehen sie sich nicht selbst im Weg, sondern zeigen sie der Welt, wer sie wirklich sind. Glauben sie mir, hinterher werden sie es bereuen, sich selbst im Stich gelassen zu haben. – Das erkennen sie am ehesten daran, wenn sie gerade dabei sind, ihren Lieben (Frau, Mann, Kinder, Freunde, Kollegen etc.) oder der Welt (Gott, Politik, Sport, Ungerechtigkeit, Haarausfall, Falten, Fett, Werbung, das Böse) die Schuld für ihr misslungenes Leben zu geben.

c. Beratung

Wie schön ist es doch, wenn die Klienten tatsächliche Beratungsangebote in Anspruch nehmen wollen, denn bei dieser ganzen albernen Coaching-Rhetorik geht man sich wohl zu schnell selbst auf den Leim. Wahrscheinlich glaubt man dann wirklich, man wäre der Allergrößte, ein aus sich selbst drehendes Rad und sieht auf einmal Gespenster wie die Entelechie[21] und Eudämonie[22] oder glaubt an die Existenz einer inneren Selbstmanagementinstanz, die nochmals das Selbst dirigiert, welches wiederum man ja selbst ist... naja.

Es gibt unzählige Beratungsmethoden, in verschiedenen Schattierungen und nach unterschiedlichen Prämissen vorgehend. Wenn sie mehr darüber wissen wollen, können sie gerne einen Termin mit mir vereinbaren. Dann unterrichte ich sie gern in der Genese der verschiedenen Strömungen und gebe ihnen einen maßgefertigten Baukasten mit 99 superschnellen Methoden an die Hand – zum selber machen für die ganze Familie – ein Riesenspaß!

Da ist der Staub auf unseren Herzen, Teer verklebt die Seele und dann spucken wir Galle: Irgendwie haben wir uns gegenüber dem Anderen kommunikativ festgefahren und leiden schon seit einiger Zeit unter eine Art Gefühlsverstopfung. Wir würden uns gerne anders verhalten, anders eingestellt sein oder eine andere Haltung annehmen. Wir würden gerne etwas sagen, das wahr ist und damit Gehör finden, ja vielleicht sogar von denen, die wir lieben, verstanden werden.

„Das kann es doch noch nicht gewesen sein."

„Da muss doch jetzt noch was kommen."

„Ich kann doch nicht auf ewig so weitermachen mit ihm/ihr."

„Er/Sie muss doch auch mal erkennen, dass das so nicht weitergehen kann."

„War da nicht eine Sehnsucht?"

---

[21] Ein dem Menschen innewohnendes Potential, das es nur noch zur entfalten bräuchte.
[22] Eine Lebensführung, die die eigene Glückseligkeit anstrebt.

„Gibt es denn noch Hoffnung?"

Einigen geht es nicht so schlecht mit dieser Litanei. Die sagen sich dann anschließend: „... wird wohl nicht so schlimm sein." Dann wird es aber doch schlimm und dann sagen sie: „Naja, nun kann ich sowieso nichts mehr ändern. Es is halt wie's is."

Wenn einen nun der Alltag doch nicht auffrisst, man sich nicht der Verfallenheit komplett ausliefert oder man einfach mal Zwangsverschnaufen muss, kann die Frage nach dem *Warum* ganz schön aufsässig werden. (Ab)Gründe treten zeitverkehrt auf und fordern Pflege: Manchmal warten wir sehr lange auf sie, meistens kommen wir aber allzu schnell zu einem abschließenden Urteil. So oder so kommen sie einen faktisch immer erst hinterher, doch trotzdem stellen wir sie an den Anfang der jeweiligen Geschichte, weil wir denken, ohne diese narrativen Stützen nicht weiterlaufen zu können. Tatsächlich machen sie uns zum Krüppel und wir verlernen aus dem Stand zu springen oder einen Purzelbaum zu schlagen.

Diese *Warum-Scheiße* kann einen wahnsinnig machen, vor allem, wenn der andere als Sündenbock bereits in die Wüste geschickt wurde. Am Ende geht man sich selbst auf den Sack, kann es mit sich nicht aushalten, kann sich nicht ausstehen. Man hasst es, wie man eine Rolle angenommen hat, die man widerlich findet. „Ich hasse es, wie ich bin, wenn wir zusammen sind. Ich will so nicht sein." oder „Die Welt sagt dir immer: ‚Sei du selbst'. Aber was ist, wenn ich scheiße bin?"[23]

---

[23] An dieser Stelle ist es selbstverständlich doof, wenn man schon etliche Runden sinnlos im Coachingkarussell gefahren ist und der verehrte Zen-Meister gerade keine Zeit für einen hat.

„…es ist keine Staubschicht, die ich so locker abschütteln kann, wo es nur einer leichten Brise, einer lieblichen Überraschung bedarf, um wieder in freie Himmel zu blicken. Es ist eine dicke, schmierige Teerschicht, die sich auf mein Herz gelegt hat und mir gerade noch so viel Raum gibt, um atmen zu können – schwach, kurz und schnell."

Um es kurz zu halten, bei der Beratung geht es im Wesentlichen darum, das Kommunikationsgefüge aufzubrechen, für Irritation zu sorgen, ohne dabei eine Richtung vorzugeben. Es braucht gehörige Perspektivwechsel, um die einstige doppelte Kontingenz[24] zu re-implementieren. Wir wollen wieder Begegnung und Berührung ermöglichen.

Zweite Säule – Multimediale Szenarien

Man ist also dazu gezwungen, die Geschichte zu leben, die man sich selbst von sich erzählt. Wenn dem so ist, gilt es eine andere Geschichte zu erzählen, um im Erzählen die Wiederholung zu wagen.

Die zweite Säule der *Zuflucht* besteht aus multimedialen Szenarien, an denen man sich abarbeiten kann. Hier übt man stets aufs Neue mit der Stimme anzuheben und sich auf *den Weg* zu machen.

Die Szenarien fügen sich aus Essays, Videos, Collagen, VR-Welten und Adventures zusammen. Sie thematisieren jeweils Zäsuren im Leben und geben den Klienten die Möglichkeit sich frei darin zu bewegen und mit allem Möglichen zu interagieren bzw. eigene Spuren zu hinterlassen. Überdies kann man jede Kleinigkeit oder alles zusammen sowie alles dazwischen *bewerten*, indem

---

[24] Eine gegenseitige Unvoreingenommenheit und Offenheit im Miteinander

man es einer Vielzahl von Kategorien zuordnet und zwar so als würde man einen Menschen attribuieren: aufbrausend, liebevoll, zurückgezogen …

Man kann sich dem Szenario also in gewisser Weise einschreiben und es mit mehr Leben füllen. Hier ein Beispiel:

Klaras Abschiedsbrief.

Es ist so absurd, dass ich Dir tatsächlich einen Abschiedsbrief schreibe. Denn welch ein Glück bedeutet es nun für Dich, endlich die Klara losgeworden zu sein.

Du wirst jetzt denken, so wie Du es auch oft zu mir gesagt hast, „Beschwer dich nicht, jammere nicht schon wieder. Von Anfang an war ich ehrlich mit Dir. Habe dir nie etwas vorgemacht."

Deine Ehrlichkeit kannst Du Dir in die Haare schmieren. Ja, Du hast immer gesagt: „Nein, Klara, nein. Nein, nein, nein." Du wolltest mich wirklich nicht um Dich haben, so wie Du diesen Brief nicht willst, vielleicht gar nicht liest. Du sagtest „Nein" und ich fragte dann zitternd und kleinlaut, ohne eine Antwort zu erwarten „…aber warum nicht? Wie kann es denn sein, wenn ich Dich doch so sehr liebe?"

All Deine Worte nützten nichts. Ich bin Dir gefolgt wie eine kleine Ente ihrer Mama und irgendwann waren Dir die Widerworte zu anstrengend. Wahrscheinlich war es auch irgendwann bequem, jemanden zu haben. Jemanden zu haben, der einen liebt und den man nach Belieben zurückweisen, ignorieren und demütigen konnte, denn schließlich hatte man „Nein" gesagt.

Du sagst, ich kann bei Intimität kein Maß halten, würde mich jeden Stolzes und aller Geheimnisse berauben, ja geradezu dem Gegenüber jede Möglichkeit nehmen, mich mit Anstand und Würde zu begehren.

Wenn Du das gewusst hättest, hättest Du die Physio abgebrochen und mich an einen liederlichen Kollegen übergeben. Ich mochte es, wie Du Dich bei der Behandlung mit Deinem ganzen Gewicht auf mich legtest und fixiertest.

Es war an einem trüben Morgen im Spätwinter. An diesem Morgen war es ungewöhnlich mild, der Schnee ergoss sich von den Dächern der Kleinstadt, auf der ein dicker Nebel lag. Ich weiß noch, wie ich so sehr wollte, dass ich dieser dicke Nebel sei, der sich auf Deinem Heimweg durch den Ulmenpark, nach einem körperlich richtig anstrengenden Arbeitstag, als Tau auf Dich legt, auf Deine weichen, vollen Haare, und sich in dem verfängt, was nie ein Bart werden würde. Stattdessen war da nur eine Pfütze, meine Seele, die ich Dir ausbreitete, die davon träumte in ein Meer zu zerfließen.

Ach, ich vergaß, Du hasst ja meine überdehnten, geschwollenen Metaphern. Nun bleibt Dir mein begriffsstutziges Gestammel erspart. Ich hoffe Du freust Dich jetzt. Ja, dass hoffe ich tatsächlich und dass Du glücklich wirst – vielleicht nicht gleich jetzt, aber bald.

Tandaradey,
Deine Klara

An diesen Brief könnte man nun anfügen, wie man sich selbst Hals über Kopf in eine neue Liebe stürzt, einer Frau noch immer hinterherjagt, sich lieber in Arbeit vergräbt oder, oder, oder …

Die Szenarien werden ebenso codiert[25], wie die Avatare, die die Klienten auf dieser Onlineplattform darstellen. Sie werden mit den gleichen psychologischen Kategorien charakterisiert und können so leicht in Bezug zueinander gebracht werden. Diese Bezüge und Relationen

---

[25] Auf der Website „what to rent" hatte man sich einen Persönlichkeitstest nach den „big five" unterzogen und dann wurden entsprechend passende Filme vorgeschlagen. Dabei wurden die Filme zuvor wie Personen behandelt und nach dem gleichen Test codiert. So ähnlich kann man sich die Codierung in der Zuflucht vorstellen, bloß über andere Skalen als den „big five", sondern denen des Kohärenzsinns, der Kongruenz, der Fremd-Selbstwahrnehmung sowie der Selbstwirksamkeitserwartung.

stellen eine hervorragende Grundlage für weiterführende Hilfsangebote dar, genauso wie die Ergebnisse, beispielsweise einer Beratung, sich gut in das Erleben der Szenarien einspeisen lassen.

Wer schon länger dabei ist, darf selbst beratend tätig werden und in groben Zügen, die Berechnungen im Hintergrund verfolgen. Man ist dann ein Mentor für die Neulinge. Durch die Vereinheitlichung von Avatar- und Szenarien-Raster lassen sich spezifische Konstellationen in den Abständen einer multidimensionalen Matrix ablesen, zum Beispiel, ob jemand in seiner Selbstwahrnehmung stark von der Fremdwahrnehmung abweicht, einen schwachen Kohärenzsinn aufweist, sich selbst gegenüber inkongruent benimmt, partielle Dissoziationsstörungen verdrängt, sich sehr abkapselt oder seiner inneren Stimme keinen Raum gibt, obwohl er sehr laut ist usw. Manche Begriffe lassen zurecht an eine Mathematikstunde denken, gehen aber über das Metaphorische hinaus, denn Dispositionen wie *Kongruenz* oder *Kohärenz* kann man tatsächlich berechnen.

Gerade die Bewertung der Bewertungen, das geballte Wissen der Massen (wisdom of the crowd) sorgt dafür, dass sich das narrative und kategoriale Gebilde des Hilfsangebotes selbst reguliert und dynamisch weiterentwickelt.

Alex träumt schon von einem psycho-soziometrischen Laplace'schen Dämon, den man sich hingeben kann und der sicher für einen neuen Morgen sorgt. Allumfassend nimmt dieser alle menschlichen Regungen auf und vermag in erschreckenden Immersionen alle Nuancen vorwegzunehmen, zu ergänzen und Traumgebilde zu schaffen, die weit über die der Fantasie hinausgehen. Es ist der alte Traum von einer Maschine, in welcher der menschliche Geist eingeht und vollendet wird, um im Elysium zu erwachen.

Dritte Säule – Avatar als Leerstelle

Alex wusste noch nichts von Big Data und doch war er ganz und gar berauscht von der Idee seligmachender, großangelegter Datenverarbeitungsprozesse und der Heilsversprechen, die man auf ihrer Grundlage zu verkünden mag. Ebenso waren ihm die erzählten Tragödien wie ein herrlicher Leichenschmaus, von denen er wusste, dass da insgeheim jeder gerne von nascht.

Bei all dieser Überheblichkeit und niederen Neigungen, geriet Alex nie die Bedeutung des Pathischen aus dem Blick. Zumindest thematisch wollte er der Unverfügbarkeit und Bedürftigkeit, aber vor allem der Verletzbarkeit des Menschen gerecht werden. Der Avatar, also das, was den Klienten auf der Plattform repräsentiert, durch welchen er interagieren und adressiert werden kann, soll als *Leerstelle* dargestellt werden. Man stelle sich verschiedene Filmsequenzen vor, die alle aus der Point-of-View-Perspektive (PoV) aufgenommen wurden. Erstens schafft die Leerstelle der Kamera eine gewisse Kontinuität. Zweitens versucht der Zuschauer automatisch aus der Art und Weise wie mit dem imaginierten Protagonisten der PoV umgegangen wird auf seine Person zu schließen und macht sich ein Bild, was eine bestimmte Nähe erzeugt. Analog dazu stellt sich Alex die optimale Architektur des Avatars, der Persona auf der Plattform vor. So wird der jeweilige Klient nicht gleich auf eine bestimmte Identität festgelegt und braucht sich nicht zu entblößen. Das Intimitäts- und Authentizitätsgebot, die fehlende Scham und die Würdelosigkeit anderer Social-Media-Plattformen ekelten Alex bis dato an.

Die Plattform war erst seit neun Monaten im Gange und überraschend erfolgreich, da gesellte sich in Alex' Gemüt zu seinem Größenwahn und seiner Freude am Fatalismus eine zunehmende Lust am gequälten Körper, was die Gestalt der Avatare massiv beeinflusste.

Notiz zum verletzten Avatar:
Ein Körper, nicht Leib, sondern die Persona, die adressiert und gesehen wird. Einzig bestehend aus den Spuren der Erfahrung und dem Umgang mit ihnen: Ressentiments, die als tatsächliche Wunden immer wieder aufbrechen. Ein Brandmahl als Stigmatisierung, eine ungewollte Identität mit bizarren Tätowierungen auf die leere Silhouette gestochen. Eine Narbe über dem Herzen steht für eine tatsächliche Zäsur. Die schlaffe Haut der Lustlosigkeit und ein fehlender Mund für Nihilismus. Zahnlosigkeit und erblindete Augen der Ignoranz, gebrochene Nasen des Hochmuts und der krumme Gang der Angepassten.

All diese Formen und Gestalten, beredet mit Bildern, Erzählungen, verletzenden Worten, Aussprüchen der Ohnmacht und der rasenden Stille, sollen allein sichtbar sein. Der Avatar soll eine Figur sein, die ausschließlich in ihren verletzlichen Erfahrungen zum Vorschein kommt – ein Narbenkörper. Dieser bürgt für ein Selbst – fragmentarisch, gebrochen, fahl – das sich nicht begreifen lässt und jeder Versuch es festzustellen sichtbar ins Fleisch schneidet. Die Authentizität kommt zum Vorschein als das, was sie wahrhaft ausmacht: als obszöne[26] Selbstverstümmelung unter den Vorzeichen der Intimität.

---

[26] Als bloße, nackte Faktizität, ohne Geheimnis, Geschichte oder Charakter. Die Unmöglichkeit des Zwischen und somit jeder Beziehungsnahme.

„Ihr erlangt die Liebe, die ihr Euch schon immer so sehnlichst herbeigewünscht habt. Seid lediglich bereit, Euch dafür in ein Meer aus Scherben zu suhlen – Ihr inkontinenten Glücksschweine."

Die Plattform nahm nun ordentlich Fahrt auf. Die Klienten kamen häufiger und blieben immer länger, was wohl auch daran lag, dass die Mentoren, denen man lediglich die Grundlagen der Personenzentrierten Beratung beibrachte, angewiesen waren, ganz bewusst Abhängigkeiten aufzubauen. Die Leute liebten es, in die *Beratung* zu kommen, erfuhren sie hier doch Wärme, Anerkennung und Zuneigung. Unter den Vorzeichen sie aus einem Zustand der vermeintlichen Inkongruenz zu lösen, wies man ihnen den Weg sich selbst endlich annehmen zu können. Die Brüche, die sie außerhalb der Plattform, im Alltag, erlebten, trieben sie geradewegs in die missbräuchlichen Hilfsangebote und sie lebten immer umfassender in den erzeugten Szenarien, statt in die graue, kalte Welt zurückzukehren.

Alex wusste sehr wohl, dass er hier etwas begonnen hatte, was er bald nicht mehr aufhalten könnte, allein er mochte es so sehr, der große Zampano zu sein. Er hatte einen Riesenspaß dabei zu sehen, wie sich die Leute in der von ihm erdachten Umgebung abstrampeln und verzweifeln. Alex überlegte sich, wie weit er die Sache wohl würde treiben können.

Die Mentoren, also Veteranen der *Zuflucht*, nahmen den Neuankömmlingen ihre Last und Sorgen, deuteten ihre Schwächen und Unzulänglichkeiten in Stärken um und gaben ihnen einen Platz im Gefüge der Szenarien und damit in der sehr eng angekoppelten Community der Plattform. Neben der emotionalen Abhängigkeit, sozialer Eingebundenheit war es gerade zu Beginn äußerst wichtig, dass die Mentoren zeigen, dass sie über eine privilegierte Beobachterposition verfügen. Dem Klienten muss schnell klarwerden, dass er/sie …

… ausschließlich hier vollkommen angenommen werden kann.

… die Welt ihn/sie verstoßen hat.

… immenses Potential in ihm/ihr steckt.

… seine/ihre bisherige Moralvorstellung eine Verkehrung der wahren Werte darstellt.

… er/sie einen Anspruch auf ein erfülltes Leben haben, was ihm/ihr in der Welt verwehrt blieb, um sie zu knechten.

… er/sie sich schon immer unbewusst nach genau diesem Ort, der *Zuflucht*, gesehnt habe.

Umso länger jemand dabei ist, umso mehr muss diese Person lernen, dass bürgerliche Kategorien wie Privatheit, Besitz und Familie ihn kleinhalten.

Der Schmerz, normalerweise Signal des Körpers oder eine Chiffre des Lebenswandels, wurde nun zur ultimativen Wahrheit verklärt. Alex erkannte schnell, wie praktisch es ist, den Schmerz aus dem Kontext von Unverfügbarkeit und Responsivität auszuschließen, ihn zum höchsten Gut zu erheben und somit in gewisser Hinsicht aus dem pathischen[27] Lebenszusammenhang zu lösen.

Er verkaufte den Schmerz als leicht verfügbaren und ehrlichsten Garant der Selbstgewissheit, als Medium, das wir alle gemein haben, und der uns gleichzeitig gerade in seiner Immanenz aus der Welt überindividuell enthebt.

---

[27] Bezieht sich auf die eigene Verletzlichkeit und Bedürftigkeit und bildet das Gegenteil einer souveränen Selbstsetzung und Verabsolutierung des Machsals (Gegenbegriff zum Schicksal).

Mit der Bejahung es Schmerzes kam es schließlich zum „Gebot des Schattens". Die Nutzer der *Zuflucht* werden nicht bloß gerügt, wenn sie Schmerz vermeiden, sondern auch wenn sie schmerzhaften Erfahrungen aus dem Weg gehen und dem Ausgesetztsein gegenüber dem Nächsten fliehen wollen. Gerade den Verletzungen durch das Wort durfte man sich nicht entziehen. Umgekehrt war man dazu angehalten, seine dunkle Seite, seinen Schatten auszuleben und sich nicht zurückzunehmen. Einander sollte nicht geschont werden. Der größte Frevel bestand darin, nachtragend zu sein, Ressentiments zu hegen oder sonst einer Sklavenmoral der Ohnmächtigen anzuhängen. „Hinfort mit allen Giftmischern." Im Schmerz waren sie wieder eins und jede Zwietracht durfte nur bestehen bleiben, wenn sie in aller Härte klar zur Schau gestellt wurde. Das galt umgekehrt auch für Verbünde, die wiederum der offenen Hingabe nicht entbehren durften. „Lieber eine eiserne Feindschaft, als eine geleimte Freundschaft."[28] Wer Argwohn, Neid oder Zorn für sich behielt, ebenso wie Zuneigung, Begehren oder Fürsorge verriet damit offiziell die Gemeinschaft.

Alex verstand sich darauf, die Tendenzen und Neigungen der Gemeinschaft in Verbote und Gebote zu gießen, um ihr eine gewisse Beständigkeit zu verleihen. Noch wichtiger war es, sie nach Außen abzuschirmen. – *Kein Wort über die Zuflucht.*

Alle Klienten mussten die sprichwörtlichen Zelte hinter sich abbrechen und sich explizit von ihren Familien und Freunden in dieser *falschen* Welt distanzieren. „Mit

---

[28] Friedrich Nietzche, und weiter „Zu jedem Kilo Liebe immer auch ein Gramm Verachtung" sonst kriegt man böse Verstopfung und das Blut gerinnt im Herzen.

doppelten Boden lässt sich der Salto Mortale in unsere Gesinnungsgemeinschaft nicht vollziehen. Wer sich nicht ganz von der Familie lossagt, bleibt eine erbärmliche, feige Figur und verrät unsere Sache. Wer mit einer so schwachen Seele geschlagen ist, sollte sich zusammennehmen und einen frühen, ehrenhaften Freitod anstreben, um wenigstens am Ende nicht seiner Verfallenheit das letzte Wort zu lassen."

„It's better to die for the ‚shelter' than to live for yourself."

Zusätzlich hagelte es harte Strafen. Aus der Gruppe der Mentoren hatte sich eine Abteilung gebildet, die ausschließlich für die Sanktionierung der Klienten verantwortlich war. Strafe, Strafmaß und Anlass wurden bewusst willkürlich angesetzt. Überdies wusste man ja auch nie, ob man nun das richtige tut, wenn man von einer Schandtat abließ oder wenn man sie mit Enthusiasmus verfolgte. Dabei ging es gar nicht so sehr darum, die Leute im Zaun zu halten, aber es gibt nun einmal keine Gesellschaft, die nicht das Strafen liebt und dadurch zusammengehalten wird. Alles was gerade schief lief, einschließlich zwischenmenschlicher, höchst persönlicher Querelen wurden auf den jeweiligen Sträfling projiziert. Ihm wurde alles in die Schuhe geschoben, bevor er wie der Sündenbock in die Wüste geschickt wurde: drei Monate Liebesentzug.

Nach einiger Zeit konnte der Delinquent im Rahmen einer Taufe, gereinigt von der Schuld und unter anderen Namen, in die Gemeinschaft zurückkehren und ihr aufopferungsvoll dienen. Solche ritualisierten Zäsuren wurden bald zum festen Bestandteil der *Zuflucht* und in die Mitte der Gemeinschaftspraktiken getragen.

Alex waren diese Entwicklungen selbst nicht mehr so wichtig. Er war, zumindest wie er das sah, kein Machtmensch und zog sich immer mehr aus dem ideologischen und sozialen Gefüge zurück. Alex nahm kurze Zeit die Form einer grauen Eminenz an, die im Hintergrund über das Schicksal der Bewohner der *„Zuflucht"* verfügt. Ihm war allerdings klar, dass er die Geister, die er rief, nie wieder würde kontrollieren können. Alex hatte sogar ein wenig Angst, selbst dieser kollektiv zelebrierten Idiotie zu verfallen.

Als er in einem Moment der Klarheit sein Werk besah, musste Alex feststellen, dass er auch hier keinen Platz fand. Des Nachts landete Alex abermals in der Wüste, draußen vor der Tür, vor den Toren der Welt – bei Fjara.

Sie gab ihm ein flammendes Schwert und ein nimmer leeres Glas Sekt: „Du kannst Dir selbst keinen Ort und keinen Tod geben, aber Du kannst zu Ende bringen, was du angefangen hast." Fjara blinzelte schelmisch und hakte sich bei Alex ein, während sie den Orkus[29] emporstiegen.

Alex widmete sich nun ausschließlich der geschäftlichen Abwicklung der Plattform, denn schließlich musste der Arme auch von etwas leben und das einstige Eigentum, der nun besitzlosen Klienten, irgendwo münden.

Doch bevor dies geschah, wollte er der *„Zuflucht"* noch eine Richtung sowie ein Ende geben. Alle Welt sollte sein Elend empfinden, dieses Elend, das selbst Engel fliehen und den Himmel auf die Erde stürzen ließe.

In eines seiner Lieblingsszenarien versammelte Alex die seinigen vor der Terrasse seiner Villa in der Pariser Altstadt, 1942. Er zeigte sein durchdringendes und geschundenes Angesicht, bäumte sich rhetorisch ein letztes

---

[29] Unterwelt aus der griechischen Mythologie

Mal auf und steckte die Herzen der Männer und Frauen in Brand, bevor er sich in stille Erhabenheit den Anblick des hell lodernden Notré Dame im Bombenhagel hingab und mit der Stadt versank.

„Wir werden einen Ort schaffen für alle Kaputten und Geschuppsten. Eine Zuflucht, dessen Elend so weit in den Himmel ragt, dass selbst Gott uns nicht ignorieren kann. Nur so zu tun ändert nichts. Wir bringen den Tod und die Ungewissheit zurück ins Spiel, indem wir uns selbst setzen. Wir sind die Antwort auf die Hypertrophie[30] der Gesellschaft. Wir sind der Schreibfehler im Weltenbuch. Um das Schicksal Lügen zu strafen und der Welt das Leben zurückzugeben. Unser Einsatz verwehrt sich jeden Tausches und bringt das Firmament zum Einsturz. Wir sind die Lichtbringer, wir sind die Heilung."

Alex verliert die Lust an Fjara

Was man spätestens an dieser Stelle nicht verschweigen darf, um Alex Unmut zu verstehen, ist der Bruch mit Fjara, als sie gemeinsam der Wüste entschwanden.

Als Alex und Fjara zusammen aus dem Orkus emporstiegen, freute sich Alex zunächst außerordentlich endlich, nach so langer Zeit mit Fjara allein zu sein, ohne in der obsessiv erträumten Welt Askjells zu landen. So sehr

---

[30] Im reinen Funktionalismus und damit mit dem kompletten Ausschluss von Abwesenheit, schließen sich die gesellschaftlichen Systeme selbst kurz. Ähnlich Metastasen wachsen sie ungebremst und erzeugen ihre eigene kritische Masse bis sie implodieren (Vgl. Baudrillard, J. (2000): „Der unmögliche Tausch" S. 12 – 13)

hatte er diesen Moment der erlösenden Zweisamkeit herbeigesehnt, aber nun schien irgendwie die Luft raus zu sein.

Fjara hatte die Gestalt einer typischen Geschäftsfrau Anfang 40 angenommen und zauberte sich eine unvorteilhafte Bluse sowie ein schrecklich unbequemes Kostüm inklusive geradezu marternder Absatzschuhe herbei. Sie schien sich denkbar unwohl in den Klamotten zu fühlen und beschloss bis sie im Büro ist, doch lieber in dicken Socken und einen herzlich weichen, warmen Lazysuit zu schlüpfen. Dabei prangerte sie heftig und zurecht die Ungerechtigkeiten an, die Frauen in der irdischen Welt widerfahren. Sie steigerte sich richtig rein und entsann verschiedene Möglichkeiten, wie sie im Office alle Spiegel zerspringen lassen würde, um mit den Scherben ihren männlichen und den meisten weiblichen Kollegen die Augen auszukratzen. – Aber dann zwangen sie sogleich die unerwartet starken Menstruationsschmerzen in die Knie, worauf sie ausgerechnet auf Alex' Zuspruch und Aufrichtung hoffte, allerdings vergeblich. Denn dieser starrte sie lediglich perplex an und zog dann eine Miene, die eine Mischung aus Ekel und Mitleid bekundete. Das machte Fjara rasend vor Wut: „Hier bin ich also, Fjara, deine Angebetete, in Fleisch und Blut, nach der du dich deinem Gebaren nach, ja scheinbar, allzu aufopfernd verzehrst und nun bist du nicht mal in der Lage, mir zur sagen, wie bezaubernd ich bin und wie sehr dein Begehren angesichts meiner figürlichen Erscheinung sogar noch maßlos untertrieben war. Mein Anblick lässt Schiffe zerschellen, Kriege ausbrechen und Königreiche einstürzen, ob des wahnsinnigen Verlangens, das ich bei Männern und Frauen auslöse. Und du schaust mich total angewidert an? Du Jammerlappen, du Weichei, du …"

Nun folgen allein von Fjara ausgesprochen, viele schlimme Beschimpfungen und Verwünschungen in sechs Sprachen mit sechs Stimmen im Chor.

Alex dachte sich währenddessen im Stillen, dass am Ende des Tages eine Frau eben auch bloß eine Frau ist, ein Alltagsvehikel – das ist so gut wie schlecht. Fjara taugt nicht mehr zur Projektion. Erstaunlich, dass es selbst eingebildeten bzw. überweltlichen Charakteren so ergeht: Das Unheil der Götter besteht eher in der Profanisierung des Mystischen, als im Verlust ihrer Jugend.

Alex denkt sich weiter, während Fjaras Schwall an Beleidigungen nicht abzunehmen scheint, dass die Sache mit ihr schnell jede Romantik einbüßen und Fjara, wahrscheinlich zeitgleich, pragmatische und vernünftige Ansprüche an ihn stellen wird. Sie wird ein enormes, organisatorisches Geschick entwickeln, um Familie, Beruf und ihren nach wie vor bestehenden göttlichen Auftrag unter einen Hut zu bekommen und dabei natürlich stets sie selbst bleiben, außer in den Momenten, in denen sie glaubt, sich selbst im Stich gelassen zu haben. Ihr Körper ist nun dem Verfall preisgegeben, ihr Lächeln wird berechnend und ihr Geist fantasielos werden, denkt sich Alex.

Und für all das wird sie früher oder später Alex die Schuld geben. Irgendwann wird sie sich unvermittelt in einem stillen Moment zu ihm umdrehen und sagen: „Du widerwärtiges Arschloch hast mein ganzes Leben versaut." Bis dahin wird sie ihm jeden Tag vorwerfen, wie undankbar er sei, ihre Aufopferung nicht schätzen zu wissen, dass er nicht zu seinen Gefühlen steht und sie immer wieder enttäuscht. Dazu sei er auch noch ein ignorantes Stück Scheiße, mit – selbstverständlich – einer nazistischen Persönlichkeitsstörung und ohne jegliches Rückgrat.

All das denkt sich Alex, woraufhin Fjara, die weiß, was Alex denkt, da sie ja, mehr oder weniger, in seinem Kopf ist, sagt: „Am meisten kotzt mich an, dass du kleiner Schwächling in deiner Überheblichkeit, die ganze Beziehungsscheiße überspringen möchtest, indem du sie dir in allen Farben ausmalst und mich dann mit deinem selbstmitleidigen, pseudorationalen Urteil beglückst, um dich, so schnell du kannst, aus dem Staub zu machen, du Feigling.

Du willst dich dem also nicht stellen. Du hast gar nicht die Eier, dich tatsächlich auf unsere Zweisamkeit einzulassen; So soll es sein! Von nun an werde ich dich ausschließlich durch die dich versengende Wunschwelt deines Bruders Askjell heimsuchen, bis du an seinem Glück zerbrichst. Du wirst dir unter Qualen wünschen, nicht so eine unwürdige, erbärmliche Missgeburt gewesen zu sein, die mich verschmäht hat."

Alex, der sich dessen, was Fjara damit sagen möchte noch nicht ganz im Klaren ist, denkt: „Vielleicht wäre es für abtrünnige Walküren tatsächlich vernünftiger, nicht kleine, kranke Bengel vor dem qualvollen, allzu frühen Tod zu bewahren, sondern alte Genies, damit diese ihr, oft bruchstückhaftes, Werk vollenden können, wie beispielsweise Georg Büchner." Kaum jemand hätte die Welt so entscheidend verändern können, wäre er bloß nicht so überraschend gestorben.[31]

---

[31] Was aber Fjara weiß und Alex nie begreifen wird, ist, dass wirklich weise Menschen am Ende immer dazu raten würden, wieder wie ein Kind zu sein und die Wiederholung zu wagen. Es gibt keinen weisen Spruch, der uns eine andere Welt bringen kann, aber das Geborenwordensein eines Kindes vermag dies potenziell. Die Natalität selbst birgt in sich Anlass und Grundbedingung jeglicher tatsächlichen Handlungen. Eltern reden viel davon mit der Versorgung und Aufzucht ihrer

Von Fjara erhält Alex die Watschen seines Lebens, welche ganze drei Tage nachdem er aufwachte, immer noch einen roten Abdruck in seinem nun deformierten Gesicht hinterließen.

Alex' Akteneinsicht und sein Beifall

Name: Alexander Menschikow
Alter: XX (senkt deutlich den Durchschnitt in der Klinik)
- Leidet unter massiven Angstzuständen.
- Zeigt Symptome einer dissoziativen Verhaltensstörung.

Herr Menschikow leidet seit seiner Kindheit an zwanghaften Wahnvorstellungen:
1. Askjell: Früh verstorbener Bruder, Tod vermutlich durch den Patienten verursacht.
2. Fjara: Frau, die in verschiedenen Formen von ihm, so der Patient, sehnlichst geliebt wird. Taucht zudem häufig in Zusammenhang mit

---

Bälger der Welt einen Dienst zu erweisen. Sie setzen ihr Glück und ihre Hoffnung in sie, vielleicht doch noch alles zum Guten wenden zu können. Zumindest kann man all dies hier und da als Legitimationsprosa vernehmen.

Schade, dass Erwachsene nie morgens aufwachen und sich wundern, dass sie lange vergessen hatten, selbst auch Kind zu sein, selbst in die Welt geboren worden zu sein, statt irgendwie schon immer so und so zu existieren. Selbst an ihren Geburtstagen fällt ihnen das nicht auf, vor allem, wenn sie groß gefeiert werden.

Askjell ist wohl der Einzige, der lieber den Auftrag annimmt Kind zu sein, statt welche in die Welt zu setzen. Beides schließt sich selbstverständlich nicht aus, außer man möchte sich durch die Kinder aus der eigenen Verantwortung stehlen. Das denkt sich Fjara und holt voller Vorfreude mit der rechten Hand aus.

den Gedankenwelten rundum Askjell auf, was zu großer Unruhe beim Patienten führt.

3. „Verschwörung um Göbekli Tepe": Seit einem halben Jahr können narzisstische Allmachtsfantasien festgestellt werden. Der Patient selbst erklärt sich diese durch sein Wissen um die „wahren Ereignissen auf dem Berg Göbekli Tepe", welches ihm als einer der Wenigen zuteilwurde.

4. Onlineplattform „Zuflucht": Eine Selbsthilfeinitiative, die den Patienten wegen Anstiftung zum Selbstmord und der Verherrlichung des Zweiten Weltenkrieges ausschloss.

Anmerkung:

Der Patient ist überzeugt, diese Onlineplattform selbst gegründet zu haben. Er erklärt seinen Aufenthalt in der Klinik mit dem Zusammenbruch des damit verbundenen Onlineberatungsangebotes. Der Wegfall der Unterstützungsangebote hat, seiner Ansicht nach, viele Menschen indirekt das Leben gekostet und er würde nun „... endlich und vollkommen zurecht" dafür bestraft werden. (Siehe Selbstbericht 2XP)

Behandelnder Arzt B.:

„Um den Anschein der eigenen Souveränität zu wahren, versucht der Patient Alexander Menschikow, sich als Betrüger auszugeben, der einer Gefängnisstrafe durch das Vortäuschen einer Alkoholsucht entkam. Das Personal der psychiatrischen Anstalt ist angewiesen hierbei ‚mitzuspielen'."

Selbstbericht 2XP:

Alexander Menschikow gilt bis heute als der große Star der blühenden und faszinierenden Social-Entrepreneurship-Szene, sowie als warnendes Beispiel für Größenwahn und Idiotie. 20XX gründet er die immersive Online-Beratungs-Plattform „Zuflucht". Die Plattform simuliert klassische und moderne therapeutische Verfahren, koppelt sie mit Entwicklungs- und Belohnungselementen und überließ die weitere Gestaltung den Nutzern. Deren Aktivitäten wurden über einen implementierten "wisdom of the crowd"-Prozess verifiziert. Die Plattform gelangte zu großer Beliebtheit, versprach sie doch ein Ort für alle zu sein, ein Rückzugsort, der zuhört und einen im Leben begleitet.

20XX wurde das Netzwerk dezentral und ausschließlich über Blockchain-Technologie gesteuert. Der Transferwert hieß „Soul-Coin", was später zynisch mit den Münzen assoziiert wurde, die man den Toten mit auf die Reise gibt.

Schon am 19.01.20XX konnte der Soul-Coin gehandelt werden und versprach die Fürsorge des Netzwerks als kostenlose Dienstleistung. Nach einem Jahr überschlugen sich die Ereignisse. Am 22.01.20XX gingen zwei Norweger ins Meer. Dieses gebeutelte Liebespaar wollte sein vermeintlich tragisches Leben theatralisch beendet wissen. Vorher bedankten sie sich direkt bei Menschikow im Internet: „… mit den ‚Furien' lässt sich kein Frieden schließen, solange man sich nicht tatsächlich aufgegeben hat und keine Angriffsfläche mehr bietet. Nun sollen sie für immer verstummen." Die Botschaft ging viral. Nachahmer gab es viele. Es hatten sich starke Abhängigkeiten im Netzwerk bzw. durch das Netzwerk aufgebaut. Ein sofortiges Abschalten der „Zuflucht" hätte vielen Menschen ihrer parasozialen Kontakte und psychosozialen Ressourcen beraubt. Ein Aufrechterhalten des Netzwerks hingegen würde immer wieder Tode nach sich ziehen. Aufgrund Menschikows Entscheidung wurde die Plattform nicht aufgelöst.

Bis zum August sollten insgesamt noch dreizehn weitere Nutzer sterben. Schlussendlich war es der massive Kurssturz Anfang September, die zurückschlagende Wirkung der völlig überbewerteten Soul-Coins, der das Netzwerk insolvent gehen ließen. Sämtliche Großserver wurden unverzüglich ausgeschaltet: 0,34 Millionen Menschen ohne Betreuung.

Die Mortalitätsrate wird auf 2,71% geschätzt.

Askjell kackt

In der Tat, eine wirklich anheimelnde Toilette: indirektes, warmes Licht auf matte Kacheln, Marmorwaschbecken und Kirschholzspiegelrahmen. Es läuft das aktuelle Album von Lana Del Ray, die Kabinen sind groß sowie mit praktischen Aschern ausgestattet.

Ich setze mich, zünde mir eine Zigarette an und denke nochmal über Fjara nach. Das Einzige, was mich kurz irritiert, ist der schwarze Spiegel an der Innenseite der Kabinentür. Seltsam, wie sich mein Körper aufbürdet in dieser Seele zu leben: fett, aufgedunsen, schlapp und gelassen. Naja, wenigstens sind Körper und Seele im Einklang. Das heißt auch wenn ich nicht unbedingt stolz darauf bin, wie ich bin, bin ich zumindest, wie ich bin. „What you see is what you get."

Noch bevor ich wusste, wer ich bin, wusste es Fjara. Bevor wir zum ersten Mal in einer Kneipe landeten, war ich bereits in sie verliebt, und weil ich etwas getrunken hatte, habe ich ihr dies sogleich Kund getan. Sie wies mich herzlich mit der Begründung ab, ich würde sie zu sehr an ihren Vater erinnern. Dieser sei eigentlich ein lieber Typ, hätte aber die Sache mit dem Leben nicht so richtig verstanden und pendelt seit dem Tod ihrer Mutter regelmäßig zwischen Stammkneipe und Entzugsklinik.

Nun hörte ich zum ersten Mal die Anekdote zum Tod ihrer Mutter. Fjara fängt die Geschichte immer gerne damit an, wie sie vor paar Jahren völlig niedergeschlagen, verzweifelt und unfähig überhaupt irgendetwas zu machen, zwei Briefe erhielt.

Der eine kam vom Verlag. In dem hieß es, wenn Fjara nächste Woche nicht zur Arbeit erscheine, müsse man ihr kündigen. Fjara war Lektorin in einem renommierten Verlag für Sozial- und Geisteswissenschaftliche Schriften und sie war stolz auf ihren Job. Nach dem langen Studium der Literaturwissenschaften und der Philosophie sowie einigen Jahren der eher wenig inspirierenden Arbeitslosigkeit steckte diese Magistra ihre Nase in jeden klugen Kopf der Gegenwart.

Der zweite Brief kam aus der Heimat. Da ihr Vater indisponibel war, müsse sie sich um die Bestattung und den Nachlass ihrer Mutter kümmern. Diese ist vor drei Tagen nicht mehr aufgewacht.

Fjara war vor einem dreiviertel Jahr zuletzt in der Heimat. Sie wollte sich mit ihrer Mutter aussöhnen, doch diese war zu dieser Zeit schon hochgradig dement – sie erkannte Fjara nicht wieder und Fjara erkannte sie nicht wieder.

Fjara ließ sich fallen. Sie konnte kaum aus dem Bett aufstehen, geschweige denn vor die Tür gehen. Es ist beängstigend, wie man sein Leben durchweg übers Internet organisieren kann: Fast Food, Wein, Klopapier, Schlaftabletten, Mate im unsteten Rhythmus. Während dieser Zeit schickte ihr Chef ihr aufmunternde E-Mails, er stärkte ihr den Rücken und gab ihr Zeit. Er glaubte an sie oder war einfach in sie verschossen. Auf jeden Fall würde sie ihn enttäuschen.

Das Lithium wirkte schon eine Weile als sie beim Haus ihrer Kindheit ankam. Die Wohnung wirkte noch ekelhaft warm und nun ja – bewohnt. Sie lief instinktiv in ihr Kinderzimmer, um sich zu verkriechen. Die Vorhänge und das Bett rochen immer noch nach einem furchtbar süßen Parfüm, das ihr als Jugendliche helfen sollte attraktiv zu wirken. Also insbesondere dabei, nach ihrem damaligen Verständnis, ihren Körpergeruch mit Sicherheit zu überdecken. Sie fand auch eine alte Kassette und nach einigen Suchen sogar ein Abspielgerät. Darauf zu hören war, wie sie ihr damaliges Lieblingslied trällerte: „True Faith" von New Order.

Fjara schilderte mir sehr eindrücklich, wie sie dieser Reminiszenz erschüttert hatte, wusste sie doch, dass sie damals so gar kein Interesse an interessanten Substanzen hatte[32]. Das liebliche Getriller war lediglich der Versuch sich zu beruhigen, sich abzulenken, es war der Vorbote eines wahnsinnigen Wutausbruchs. Fjara schilderte mir, wie mächtig sich diese emotionale Erschütterung beim Hören ihres Gesangs und in der Antizipation des Kommenden wiederholte. So brachen Fjara und der Kassettenrecorder synchron in wütendem Geschrei aus.

Fjaras Mutter war sehr emotional und ihr Vater eher ruhig. Im Falle eines Streits machte die väterliche Passivität ihre Mutter rasend, und umso starrer wurde ihr Vater. Bei einem andauernden Streit zwischen den beiden,

---

[32] In der Morgenröte finde ich mein Heil,
einer Kindheit zu begegnen,
die aus Angst nie wurde mir zuteil.

der in letzter Zeit häufiger aufflammte, erklärte die Mutter, wie ekelhaft sie ihren Mann fände und dass sie auf gar keinen Fall jemals wieder mit diesem fetten, passiven Stück aufgedunsenen Gedärms schlafen würde. Sie zählte auf, dass sie ihn satthabe, wie sehr er sie nerve und anwidere. Ihr Vater versuchte nüchtern einzuwenden, dass sie sich darauf geeinigt hatten, noch ein zweites Kind zu zeugen und dass diesbezüglich der Sex unumgänglich sei. Dies brachte Fjaras Mutter vollkommen zum Explodieren und sie eröffnete ihm, dass Fjara nicht von ihm war.

Fjara, damals gerade vier Jahre alt, verfolgte diese Szene aus nächster Nähe. Sie sah, wie ihr Vater sofort zusammensank. Fjara stürzte zu ihrem Vater, um ihn wieder aufzuhelfen, ihn zu trösten. Doch er hatte augenblicklich aufgegeben und sah Fjara an, wie aus der Ferne. Fjaras Mutter war noch nicht fertig. Sie wollte eigentlich noch etwas hinzufügen, aber die sofortige und innige Solidarität ihrer Tochter mit diesem widerlichen Mann, ließ ihr nur ein grelles Schweigen entfahren.

Ihre Eltern trennten sich nicht – des vermeintlichen Wohls des Kindes wegen – und so lebten sie getrennt zusammen. In den nächsten paar Jahren wurde Fjara noch von ihren beiden Elternteilen umworben. Doch war sie beim Papa, war die Mama argwöhnisch und war sie bei der Mama, so war Papa traurig. So blieb Fjara lieber für sich: mit sich, den Büchern und der Musik.

Die Eltern hatten sich nach wenigen Jahren in dieser Situation eingerichtet und so machten beide schon längst keinen Hehl mehr aus ihren Vorlieben und Obsessionen. Der Vater verfiel dem Alkohol und die Mutter einigen Arschlöchern. So kam es, dass sich Fjara alle paar Wochen Luft machte, indem sie ihre Mutter als olle Hure und ihren Vater als feigen Säufer tadelte.

In ihrer Jugend wuchs in Fjara immer mehr der romantische Gedanke heran, dass irgendwo sehnsüchtig ihr leiblicher Vater auf sie warten würde. Aus ihrer Mutter ließ sich diesbezüglich nicht mehr herauskriegen als: große Feierei, viele Leute, betrunken, passiert, tut mir leid, hab dich lieb. Als nun Fjara mal wieder ihre Eltern anschrie und anscheinend glaubhaft darstellen konnte, sich nun auf den Weg zu machen ihren Vater zu suchen – komme was wolle – da schaute ihre Mutter hämisch ihren Mann an und meinte: „Dort sitzt er, dein leiblicher Vater."

In diesem Moment brach sie mit ihrer Mutter. Sie hatte ihren Vater all die Jahre gedemütigt, Fjara angelogen und eine giftige, distanzierte Familienatmosphäre evoziert. Aber vor allem, hatte ihre Mutter ihr die Hoffnung auf einen Kuckuckszauber genommen.

Es brauchte viele Jahre, einige entzückende, amouröse Abenteuer und ein paar toxische Beziehungen bis Fjara ihre Mutter verstand und irgendwann auch vergeben konnte. Sie verstand vor allem die Macht der Ohnmacht, sie hatte erlebt wie man selbst durch das Schweigen des anderen ausgenutzt und lahmgelegt wird und wie ekelhaft Liebesbekundungen in verbaler und haptischer Form wirken können. „Aber eine Aussöhnung konnte nie stattfinden." Fjara schaute in ihr leeres Glas und ich war von so viel Offenheit erst mal geplättet. Synchron bestellten wir einen dreifachen Becherovka, lachten uns überrascht und verdutzt an und bestellten danach noch einen und noch einen …

Fjara nahm mich diese Nacht mit zu sich, wohlweislich, dass nach all den Schnaps mit mir sexuell sowieso nichts mehr laufen würde. Vielleicht wollte sie die Nacht auch einfach nicht allein sein und eine Art Eingeweihten haben, um nicht allein zu sein mit ihrer Geschichte. Während sie mich zu ihrer Wohnung trug, versprach ich ihr noch, für ein dekadentes Frühstück am Morgen zu sorgen. Und so sollte es sein.

Als wir uns über das einzige Sesambrötchen stritten und Fjara mich zum ersten Mal aus dem Fenster warf, während ich großspurig in meiner Position des Brötchenholers argumentierten wollte, wussten wir: Das ist der Beginn einer soliden Freundschaft.

Alex will nicht schlafen

Es ist 03:41, Alex hockt alleine im Fernsehraum der Suchtklinik und schaut Werbefernsehen. Zwei höchst fürsorglich effiziente Hausfrauen und ein Hundertsternekoch stellen ein innovatives Küchen-Tool vor, das auch dein Leben verändern wird. Ein super flexibler Alleszerstückler mit 30 Aufsätzen, bei denen man mindestens 15 für je eine ausgewogene Mahlzeit braucht. Alex denkt sich, wie wahnsinnig universell so ein Messer ist oder ein Handtuch oder vorgeschnittenes Backpapier. All diese Alltagsgegenstände haben im Horizont dieser Reklame etwas wunderschön Einfaches und Vertrautes. Alex ist versucht nach einem Apfel zu greifen und ihn einfach zu essen. Da überkommt ihn allerdings kurz Mitleid mit den drei armen Gestalten in der Glotze und er befürchtet durch so fahrlässige Taten, wie das schlichte Essen eines Apfels, wurden wahrscheinlich schon tausende von Arbeitsplätzen zerstört. Wie viele Leute sagen immer „An apple a day keeps the doctor away". Für erwerbslose Ärzte hat Alex kein Mitgefühl, aber wenn Mandy, Ted und Claire ihn verkniffen anlächeln und von der Weltneuheit faseln, da wird sein Herz schwach. Vermutlich verhält es sich bei ihnen, wie bei diesen Tele-Wahrsagern, die bekanntlich irgendwann tatsächlich glauben, sie hätten hellseherische Kräfte.

Alex versucht sich an diesen duseligen Gedanken festzuhalten, denn er will nicht schlafen und hat Angst vor der vermeintlichen Ruhe. Seitdem sie ihm den Fusel weggenommen haben, stellen sich wieder diese Bilder ein: einerseits von den Opfern seines Lebenstraums und Lieblingsprojekts, der *Zuflucht*, und andererseits, Bilder und Geschichten von Askjell, seinem Bruder, mit dem er im Zorn auseinandergegangen ist und Fjara, die ihn mit ihm betrogen hatte.

Alex will das alles vergessen, was mehr für ihn ist als ein einfacher Fauxpas, sondern ein zur Obsession gewordenes Ressentiment. Für ihn ist dies ein Schicksal, dem er sich nicht zu stellen vermag.

Die Klienten auf seiner Beratungsplattform, die ihm ihr Leben anvertrauten und zu Grunde gingen, der frühe Tod seines kleinen Bruders und seine Liebe zu Fjara ließen Alex verrückt werden. Für Alex stehen zwei Sachen fest: Erstens, hinter all seinen Schicksalsschlägen muss etwas Größeres stehen, eine Verschwörung, die ihn und alle die davon wissen niederhalten möchte. Zweitens, diese Träume und Bilder um Askjell müssen aufhören. Die dauernde Schlaflosigkeit tut ihm nicht gut und macht ihn wahrscheinlich noch verrückter.

Wer weiß, wie lange sie ihn noch hier drin behalten wollen, Monate – Jahre vielleicht. Alex beschließt im Morgengrauen zu fliehen. Er hat den Plan Askjell zu finden, um Rache zu nehmen oder um Vergebung zu flehen, was genau weiß Alex noch nicht. Hauptsache es hört auf, Hauptsache die Geschichte hört auf.

Askjell ist verkatert

Wir waren beide sehr verkatert, doch Fjara wollte noch ihre Geschichte zu Ende bringen:

Als sie dort im Elternhaus alles in ihrem Kopf sortieren wollte, traf überraschend ihr Vater ein. Er wirkte erbärmlich. „Fjara, ich habe das alles nicht gewollt. Nicht so. Ich liebte deine Mutter, doch sie schrie nur noch. War ich bei ihr, sie zu pflegen, beleidigte sie mich ständig und war ich kurz weg, rief sie dauernd nach mir. Der Pflegerin erzählte sie, wie ich sie vernachlässigen würde und welchen Spaß ich an ihrem Elend hätte. Irgendwann war ihr alles egal. Sie pisste mich buchstäblich an und kackte in mein Bett, legte einen Schwelbrand und vergiftete die Nachbarskatzen. Und jedes Mal bat sie mich, doch wenigstens einmal Eier in der Hose zu haben, ich feiges Stück Dreck. … Ich nahm ein Kissen …"

Er wollte Fjara in den Arm nehmen, wollte ihr alles genau beschreiben, flehte sie an, ihm dies und die mangelnde Fürsorge und überhaupt zu vergeben. Aber Fjara wollte nichts hören. Sie stieß ihn weg und schenkte ihm demonstrativ im Wohnzimmer einen doppelten Single Malt ein. Dann rannte sie weg. Sie wusste nicht wohin. Doch ihre kleinen, schwarzen Sandalen trugen sie zu einem langweiligen Stück Bauland, eben und sandig. Was wollte sie hier? Als sie in der Ferne die Ruinen eines sonnigen Herbstwaldes wahrnahm, wusste sie, dass sie mitten im See stand. Als sie noch ein Teenager war, lief sie oft hierher, um sich zu beruhigen. Dann stand immer Johannes am See und angelte. Immer stand er da und angelte. Ab und zu wies Fjara ihn daraufhin, dass sie beide jung seien und es gilt, die Welt zu erobern. Aber Johannes angelte. Wie sehr wünschte sich Fjara nun, dass der

See noch da wäre mit seinem Ufer und dem Johannes, der angelt und trotzdem auf der Welt ist.

„Und diese Vorstellung half dir dann, dich postum mit deiner Mutter auszusöhnen oder nahm dir irgendwas anderweitig deine Niedergeschlagenheit?" fragte ich nicht abwertend.

„Nein", sagte sie, „aber diese Szene gab mir ein prägnantes Bild, um mein eigenes Schicksal darin wieder zu finden." Um mit ihrer Niedergeschlagenheit umzugehen, fand sie einen kreativen Workaround, wie sie mir später berichtete.

Wieder in ihrer Wohnung angelangt, fand Fjara eine sehr mitfühlende, postalische Beileidsbekundung in ihrem Briefkasten: „Was deine Mutter der Welt gegeben hat, kann ihr der Tod nicht nehmen. Nami war mir die liebste Weggefährtin und eine Welle, die mich in schwierigen Situationen stets an sichere Ufer trug." Gezeichnet Erwin Blavatsky, XX.XX.XXX, Wien.

Wie sich herausstellen sollte, hatte Fjaras Mutter eine Vorliebe für sehr alte Filme und nur in einem speziellen Kino in Wien konnte man diese eleganten, cineastischen Schönheiten authentisch rezipieren. Sie muss wohl weit weniger oder zumindest weniger zeitintensive Affären gehabt haben, als Fjara bisher annahm.

Erwin erzählte Fjara später, dass sie nach Wien kam und sich in die Filme fallen ließ. Erwin selbst war der ansässige Restaurator. Die gemeinsame Obsession für Film ließ Erwin und Nami[33] schnell zusammenkommen. Er war ihr treuer Liebhaber, Zuhörer und Eingeweihter in die eigentümliche Pracht dieser cineastischen Meisterwerke.

---

[33] „Nami" – jap. für „Welle"

Fjara war zunächst bezüglich des Kosenamens irritiert. Ihre Mutter hieß mit bürgerlichen Namen einfach nur Irma Bergssen, doch Erwin verwies auf den leidenschaftlichen Charakter ihrer Mutter. Nun war Fjara darauf versessen viele Details über die Beziehung zwischen Erwin und ihrer Mutter zu erfahren, doch Erwin blieb Gentleman, schwieg und lächelte herzlich.

Am Ende war es meistens so, dass eher Fjara redete und Erwin aufmerksam zuhörte. Was allerdings irgendwann aus Erwin rauszuholen war, war, dass er Nami das Handwerk der Restauration lehrte und sie bis vor ihrer Krankheit wie wild, fast schon zwanghaft, an der Wiederherstellung schier vollkommen ramponierter Filmrollen arbeitete. Vorwiegend beschäftigte sie sich mit den alten Dokumentationen der späten Kolonialzeit.

Nach einigen Bitten und Flehen brachte Erwin auch Fjara die Kunst bei und so konnte Fjara wieder schlafen, wieder aufstehen. „Ich tue Buße und meine Seele findet, zumindest zeitweise, ihren Frieden mit Nami."

Fjara meinte, das Restaurieren wäre für sie so etwas wie Abschied nehmen. Sie hatte ihre Mutter auch ganz traditionell beerdigen lassen und sich sogar dafür verschuldet, dass sie in nächster Nähe zu den Eichensetzlingen liegt. Ich hingegen dachte mir: „Ist doch egal, Nami hätte bestimmt nicht gewollt, dass ihr Tod Fjara in finanzielle Not treibt."

Aber Fjara wurde nicht müde mir die Dialektik von Abschied und Ankunft zu erklären: „Unsere Ruhelosigkeit, unsere Orientierungslosigkeit, unsere Hoffnungslosigkeit. Dieser Trias verdammt uns zu einer aktionistischen, zynischen entweder fundamentalistischen oder funktionalistischen Lebensform. Eine Gesellschaft, die diese Form hat, kann nicht kollektiv lernen, bleibt unsolidarisch und reiner Zweckverband. – Und das alles, weil wir unfähig sind, uns zu verabschieden. Wir spüren dem Leben nicht mehr nach, obwohl die Zeit ihre Phosphoreszenz verbreitet. Wie Amöben sind wir Sklaven einer punktuellen Gegenwart: (Signal — (Signal)n — Stopp). Es geht mir nicht um Reflexion als Aktualisierung und ein periodisches Anlegen geheuchelter Scham. Es geht um Nachspüren, Erinnern, Vergessen und die eigene Erfahrung wagen. – Im Vergessen naht der Advent, Askjell."

Ich meinte daraufhin nur, dass ich das Gefühl niemals irgendwo anzukommen, bzw. niemals angekommen zu sein, sehr gut nachempfinden kann. Ich hatte dies bisher auf sozioökonomische Gründe geschoben, also der vermeintlichen Tatsache geschuldet, dass wir die erste Generation sind, die nicht behaupten kann, wir würden dieses oder jenes machen, damit es unseren Kindern mal besser haben. Die kollektiv familiäre Legitimation für sämtliche Missetaten unserer Eltern und Elters-Eltern zieht nicht mehr. Es gibt kein „Für ein besseres Morgen" – also, wenn mit „besser" mehr Wohlstand gemeint ist.

Fjara sah mich so merkwürdig an. Sodass ich schon mal vorrauseilend das Fenster öffnete. Aber sie sagte bloß: „Gut. Wir müssen frische Luft rein lassen, wenn wir klar denken wollen."

Karl Schmidt geht baden

„Also begann unsere Zivilisation mit dem Todesverbot vor 12.000 Jahren. FIN." Karl Schmidt beschaute noch einmal zufrieden sein Manuskript, ohne über die Konsequenzen einer möglichen Veröffentlichung nachzudenken. Er holte seinen besten Kräuterlikör aus dem Kühlschrank und trank einen kräftigen Schluck. Es war gerade 12:00 am 26.12.XXXX. Der breite, saubere Strand von Ückeritz auf Usedom war leer und die Sonne stand golden, mit wenigen Wolken verspielt am Himmel. Karl zog sich kurzentschlossen eine Badehose an, zog die Terrassentür seiner urigen, hanseatischen Datsche hinter sich zu und sprang in die leicht aufgewühlte Ostsee. Er fühlte sich beschwingt und glücklich, ob des schönen Wetters, der körperlichen Ertüchtigung und der gelungenen Arbeit. „Winterbaden macht Laune."

Unweit der Küste werden seine Glieder auf einmal steif. Bei voller Besinnung muss Karl Schmidt erleben, wie er im mannshohen Wasser unweigerlich versinkt und schließlich ertrinkt. In einem sehr kurzen Polizeibericht wird es später heißen, dass Schmidt wohl gesundheitliche Probleme hatte, die in einen unglücklichen Moment akut wurden.

Seine Freunde und Bekannten wussten, dass er sich über die Feiertage ins beschauliche pommersche Seebad zum Schreiben zurückgezogen hatte, doch niemand wunderte sich, dass der eifrige, fleißige Mann nicht einen Buchstaben auf das Papier gebracht hatte. Vielleicht machte ja der gleichmütige Wellengang ihm die vermeintlich hochtrappende Bedeutung seiner Entdeckungen vergessen – außerdem, so wusste man, trank er gern mal einen übern Durst.

Askjell – was macht der eigentlich?

Vielleicht ist es an dieser Stelle ganz nützlich zu wissen, was Fjara und ich eigentlich machen, um unseren Lebensunterhalt zu bestreiten.

Ich mag diese Filme, Serien und Romane nicht, in denen die Protagonisten den ganzen Tag um sich und ihre Beziehungen kreisen – und zwar 24/7. Da denke ich mir, die müssen doch auch mal arbeiten. Ehrlich, wer in dieser Welt hat denn um 10:30 seine zweite Ehekrise am Tag und wird sich einmal die Woche über die neuen Perspektiven und ungelebten Momente seines Daseins klar. Entweder sind diese Leute alle gut betucht oder in ambulanter Betreuung. Das würde ich gerne mal sehen, wie ein Sozialpädagoge auf einen schottischen Großgutshof fährt und die Adligen über ihr pathologisches Verhalten aufklärt und Reintegrationsmaßnahmen einleitet, ja sogar die geschmähte Cousine in Gewahrsam nimmt wegen Selbstgefährdung. Nun gut.

Universität Björn: Zwei Freunde und ich gründeten kurz vorm Ende unseres Studiums eine Beratungsplattform. Wir hatten alle drei Medienwissenschaften studiert, jedoch mit verschiedenen Schwerpunkten.

Arik mochte die verführerische und stabilisierende Wirkung der Medien und wollte diese gewissermaßen beherrschen oder eher meistern. Medienmanagement war sein Ding. Er wusste genau, wie man eine Institution aufbaut, die die Leute längerfristig abhängig machen würde. – Sie vielleicht sogar zu einem besseren Leben führen würde.

Arndis war hingegen sehr pragmatisch. Für sie war die Welt eine riesige defekte Apparatur, die man endlich mal einer gründlichen Reparatur unterziehen sollte. Sie war der Prototyp eines Nerds. Und hätten all die Kerle, mit denen sie im Netz rum-nerdet, gewusst, dass sie eine Vagina hat, wäre sie wahrscheinlich zu der begehrenswertesten Frau auf diesen Planeten avanciert. Wahrscheinlich objektiviert und entwürdigt keine andere männliche Gruppierung Frauen derart umfassend und intensiv wie die Nerds. Das fällt wohlmöglich im ersten Moment nicht auf, da sie sich von typisch maskulinen Verhalten distanzieren – was wohl eher einem kollektiven Ressentiment gleicht. Dieser vermeintlichen Distanzierung entsprechen gleichursprünglich misogyne Tendenzen.

Arndis, so dachte ich anfangs, hat auf jeden Fall autistische Züge, aber dies erwies sich als falsch. Sie war sogar sehr empathisch und verstand ihre und die Gefühle anderer erschreckend genau. Die Welt der Ratio und Statistik war für sie wohl als eine Art emotionale Pause enorm wichtig.

Der dritte im Bunde war nun ich, Askjell. Mich interessierten vor allem die Ästhetik, Wahrnehmungsphilosophie und Metaphorologie. Ich empfand die Beschäftigung mit einem Gegenstand oder Wissensgebiet in dem Maße bereichernder, je klarer mir das Bewusstsein seiner Nutzlosigkeit vor Augen stand. Ich stellte mir oft vor, wie ich meine späteren Kunden mit höchster Eloquenz nach ihren Präferenzen für Ketchup oder Mayonnaise frage und diese dann voller Stolz auf ihrem eigenen, vermeintlich gelungenen Werdegang ihrer Wege gehen.

Wie kam es zu diesem seltsamen Trio? Nach den ersten Semestern gab eine Phase großer Niedergeschlagenheit in meinen Leben und sie sollte nicht die letzte sein. Meine Unproduktivität, gerade unter den Deckmantel eines dandyhaften Getues, ekelte mich an. Einen typischen Lebensentwurf mit Karriere, Familie und Garten zu entsagen, kam mir auf einmal nicht mehr als Akt der Befreiung vor, sondern als feiges, verantwortungsaversives Verkriechen. So als hätte ich die gesamte Gattung Mensch verraten, weil ich mich nicht vermehren und häuslich einrichten möchte.

Im Eskapismus suchte ich nun konsequent mein Heil. Social-Media-Plattformen und NPCs vieler Computerspiele wurden zu meiner neuen Familie. Eine Familie, die nichts von mir erwartet. Man bezahlt lediglich mit seiner Zeit und dies war mir genau so recht. Es ging erschreckend lange gut, doch ich merkte mehr und mehr, wie mich dieser mediale Konsum auslaugte. Meine Tage in den Online-Welten wurden mechanisch. Nichts sprach mich mehr an, nichts, auch nicht der größte Erfolg machte mir Freude oder ließ jemals ernsthafte Trauer aufkommen. Ich war eine Amöbe, die auf ein Signal reagierte. Stimulus – Response. Im Studium hatte ich mal von einem gegenteiligen Phänomen gehört. Es gab wohl Rezipienten, noch vor dem Durchbruch des Internets, die verstört auf den abrupten Einzug von Radio und Television in ihre Lebenswelt reagierten. Diese Personen, aus eher ländlichen Regionen, wurden, aus ihrer Sicht, bombardiert mit den Hiobsbotschaften aus aller Welt. Den Kriegen, Hungersnöten, Finanzspekulationen, Vergewaltigungen, Drogenkartellen und Korruptionsvorwürfen konnten sie nichts entgegenstellen. Sie waren einer Welt ausgeliefert, der sie absolut ohnmächtig gegenüberstanden. Ich hingegen war in meiner Welt ein großer Held – eine Welt, die nicht mehr zu mir sprach.

Aufgrund dieser Erkenntnis wollte ich eine Selbsthilfegruppe aufbauen oder noch besser – eine Beratungsplattform im Internet kreieren. Mit dieser Idee wurde ich nun schwanger und drängte jeden meine Geschichte auf, der nicht schnell genug die Bar verlassen konnte. Viele meinten, ich solle mich bezüglich der Umsetzung mal in der Medienpädagogik umschauen. Aber ich fand diese weichgespülten Erzieher können ihren Unverstand für die Sache und albernen Bewahrpädagogik-Quatsch doch lieber für sich behalten. Ich weigerte mich solchen Alibi-Institutionen beizutreten. Ich wollte tatsächlich eine kathartische Zuflucht heraufbeschwören.

Auch Arik, wie er mir später erzählte, hielt die Erziehungswissenschaft für Scharlatanerie.

Alex hört Nachrichten

„Einer der bedeutendsten, deutschen Archäologen, Karl Schmidt, wurde heute 20 Meter vor der Küste Usedoms tot aufgefunden. Seine Entdeckung der ältesten Tempelanlage auf dem Berg Göbekli Tepe in der heutigen Türkei geben den Historikern noch heute Rätsel auf. Er starb im Alter von 60 Jahren. … Nun weiter mit dem Sport und Heinz Kunze."

„Danke Anja. Da die deutschen Biathleten in diesem Jahr, nach den konstanten Erfolgen in der letzten Saison, so schlecht abschneiden, sind einer Umfrage des Instituts für Irrelevanz zu Folge 73% unserer Zuschauer davon überzeugt, dass sie im letzten Jahr gedopt waren. …"

Alex kann es nicht fassen, in seinen Duselkopf will er es einfach nicht wahrhaben, dass Karl Schmidt einfach so gestorben sein soll. Die Priester des Ersten Tempels stecken wohl dahinter. Wobei so genau ist das bei einem Kult, der über zehntausend Jahr besteht, nicht zu sagen. Vielleicht waren es bloß Trittbrettfahrer. Die echten Priester würden sich wahrscheinlich sowieso nicht die Hände schmutzig machen. Aber wer waren nun die echten und wer die falschen? Würde das überhaupt eine

Rolle spielen? Die ganzen Stufen, Logen, Kreise und Zirkel sind doch einzig und allein dafür da, um für ihre Anhänger den Schein zu erzeugen, dass dort irgendjemand aber mal so richtig die wirklich richtige und wahrhaftige, ja tatsächliche Wahrheit weiß. Die nüchterne Ausdeutung irgendwelcher Grubengräber und Relikträuber würde dem allen ein Ende setzen. Zwar ist die Magie und der Einfluss der Todespriester längst in säkulare Strukturen geflossen und ihr Auftrag nahezu erfüllt, doch wer über die wahre Bedeutung der Rituale auf dem Göbekli Tepe Bescheid wüsste, könnte zumindest zeigen, dass historisch gesehen eine andere Welt möglich wäre.

Alex wusste zwei Sachen: Erstens, die vermeintliche „Entzauberung der Welt" war selbst nur ein großaufgezogener Zaubertrick und verbarg unter den Schmetterlingsflügeln von Vernunft und Objektivität die Magie, die am Werk war. Zweitens ist er sicher nicht berufen, die Welt zu ändern, nur weil er um das Geheimnis des Tempels wusste. Außerdem war ihm die Welt schrecklich egal, seitdem die Beratungsplattform so gegen den Baum ging. – Das Gegenteil von gut ist gut gemeint. Doch all seine Gleichgültigkeit wird ihm bei den Priestern nichts nützen. Sie werden ihn aus dem Weg schaffen, so oder so. Wahrscheinlich wird er gerade jetzt schon verfolgt und es wird vermutlich nicht mehr lange dauern, bis sie ihn hier in der Klinik aufgespürt haben. Alex hatte panische Angst, dass ihm seine Träume und Wahnvorstellungen über den Tod hinaus verfolgen werden, dass er nie seinen Frieden finden wird – so etwas zu arrangieren liege bestimmt in der Macht dieser Todespriester, dachte Alex.

Askjell und Arik

Da ich mich in den medialen Räumen zunehmend unwohler fühlte, verfiel ich in alte Routinen: saufen und pseudo-intellektuelles Gehabe, abends beides in Kombination.

So saß ich wieder donnerstagmorgens in meiner mir liebgewonnenen Ästhetik-Vorlesung – jede Woche, jedes Semester. Die Inhalte der Veranstaltung waren mir egal, es ging um die Atmosphäre in diesem Saal, um diese Aussperrung der Alltagswelt samt ihren Ansprüchen. Es war eine Sorgenpause, der beste Ort für eine verkaterte Seele. Aber diesen Donnerstag konnte ich mich nicht entspannen. Neben mir saß ein athletischer Kommilitone mit Kopfhörern im Ohr und wirr trommelnden Händen. Er interessierte sich überhaupt nicht für den Stoff. Er schien mir wie ein rücksichtsloser Parasit, der sich an der zelebrierten Alltagslosigkeit labte. Ich verlor mein Refugium. Versuchte die Situation unter Kontrolle zu bringen und scheiterte kläglich. Meine strengen und genervten Blicke blieben wirkungslos. Stattdessen steckte mir dieser buchstäbliche Unruhestifter unvermittelt einen seiner Ohrstöpsel ins Ohr, faselte etwas von Weltmusik: „Das musst du dir anhören!", und trommelte dabei noch wilder mit seinen Händen.

So traf ich auf Arik. Höflichkeitshalber hörte ich mir das Gedudel paar Minuten an und sagte dann höchst verlegen: „Oh ja, ganz schön guter Sound."

„Ja, nicht wahr." bekam ich euphorisch zurückgeschleudert und merkte wie entschieden Arik meine Heuchelei überging. Im Folgenden schwadronierte er ausführlich über die haptische Dimension dieser Klangerschütterungen bis ich ihm ganz einfach gestand, dass ich von Musik aber mal so wirklich gar keine Ahnung habe.

Ja, dass ich sogar andere Menschen geradezu darum beneiden würde, diesen Zugang zur Welt zu haben.

Im Hintergrund hörte man Professor W. zum tausendsten Mal, wie er seine albernen Gedanken zum „Ursprung des Kunstwerks" von Heidegger zum Besten gab. Die Tragik des Prof. W. war, dass er seinen eigenen intellektuellen Taschenspielertricks auf dem Leim ging.

Nun vertieft in eine Diskussion über das Haben und/oder Sein einer Wahrnehmung kamen Arik und ich schnell zur Hypothese, dass mediale Umgebungen nicht nur unsere Wahrnehmung präkonfigurieren würden, sondern auch unsere pathologischen Zustände. Also: Du bist, *wie* du siehst. Vielleicht kein neuer Gedanke, aber in dem Moment war es für uns beide ein sehr spannender. Wir beschlossen daraufhin, die nächsten zwei Wochen ausschließlich Filme von Ingmar Bergmann zu schauen als eine Art cineastische Diät – und zwar gemeinsam.

Dies stellte sich als sehr wohltuend heraus und so wurden Arik und ich Freunde.

Arik kam mir dauernd so vor, als wolle er sich selbst überwinden. Er lebte sehr diszipliniert: Ging sechsmal die Woche trainieren, ernährte sich gesund und achtete darauf „ausschließlich für den Bauch zu sorgen und nicht für den Mund". Wobei ich glaube, dass er einfach nicht vernünftig kochen konnte. Arik verbrachte unglaublich viel Zeit in der Bibliothek, sie war sein Wohnzimmer und er die fleischgewordene Geistesgeschichte des Okzidents. Was mich vor allem an ihm faszinierte, war seine unglaubliche Verständigkeit und Empathie. Seine Besonnenheit brachte selbst die größten Arschlöcher dazu, sich ihm gegenüber wohl gesonnen, offen und sensibel zu verhalten. Schreckliche Zicken wurden in seiner Gegenwart sanftmütig und aufbauend. Der Mann konnte zuhören, den richtigen Rat geben und, wenn nötig, einfach da sein. Arik war ein loyaler und guter Freund, vielleicht der beste, den man sich vorstellen kann.

Von Leuten, die in Sozialen Berufen arbeiten, hört man manchmal die Floskel: „Die Kinder/Alten/Klienten/Patienten geben einen auch so viel zurück." Bullshit! Es ist eine einzige Verausgabung, Ariks Leben war eine einzige Verausgabung – eine große Verzweiflung und der Wille zum Tod, wenn dieser die Überwindung des Lebens verspräche.

Der Wettbewerb, kompetitive Spiele, vor allem Online-Games waren Ariks Schwachpunkt. Wenn er sich einmal an einen Ego-Shooter oder Strategiespiel setzte, ließ er Tage, gar Wochen lang alles liegen und keiner konnte ihn dazu bewegen aufzuhören oder zumindest mal eine Pause zu machen. Erst wenn er konstant die Bestenliste anführte und somit der ausgewiesene Sieger über das Spiel selbst war, deinstallierte er die Software.

Er bemühte sich immer von diesen Games fernzubleiben doch als die neuen Quantify-Yourself-Apps und Fitness-Gimmicks sein Telefon und seinen Körper okkupierten, trat er gegen sich selbst an – jeden Tag und unerbittlich. Geistig und physisch sich selbst zu bezwingen – das war sein Ziel. Selbst sein wirres Gezupfe auf der Klampfe musste mit den weltbesten Virtuosen mithalten.

Die Idee einer speziellen Beratungsplattform im Netz war für ihn die passende Herausforderung: Beziehungsarbeit unter Ausschluss der Präsenz – ein geistig wie zwischenmenschlich anspruchsvolles Unterfangen.

Die nächsten eineinhalb Jahre verbrachten wir viel Zeit damit, so etwas wie die Theorie „medialer Präsenz" zu entwickeln und auf unser Online-Projekt anzuwenden.

Alles in Allem war es ein sehr ambitioniertes, mühsames und naives Wagnis, aber in diesem Moment genau das richtige.

So oft wollte ich Arik danken, einfach dafür, dass er für mich da war, aber er konnte Anerkennung nur annehmen, wenn er der Meinung war, etwas dafür geleistet zu haben.

Alex steht vor dem Tor

Alex stand vor dem Tor der Suchtklinik, zu dem er sich noch ein letztes Mal umschaute. Es war kein riesiges Tor, eher eine robuste Gartenpforte, hinter der die Klinik gemütlich mitten im Einfamilienwohnviertel liegt.

Ironischerweise wurde Alex Menschikov auch hier geboren, in einer trostlosen Kleinstadt an der See mit resignierten Menschen, die phlegmatisch routiniert ihre regelmäßig überfluteten Keller auspumpen, in denen ihre sozialistische Vergangenheit vor sich hin schimmelt. Die Einwohner der Stadt wähnen sich einfach, bescheiden und schicksalsergeben zu sein. Sie entwickeln allerdings schnell ein aggressives Temperament gegenüber allem neuen und überhaupt gegen alles, was Veränderung bedeutet bzw. fremd erscheint. Ihre Misere und ihre Ressentiments sind ihnen das Wichtigste und so sagen sie: „Wat mut dat mut, ist halt zu nahe am Wasser gebaut, dat Dörp."

Alex ist auch zu nahe am Wasser gebaut, vielleicht nicht unbedingt sensibel, aber doch sehr wehleidig. Drei Jahre Gefängnis, das wusste er, hätte er auf keinen Fall überstanden. Zum Glück hatte er einen fantasievollen Anwalt, der gekonnt den Alkoholmissbrauch seines Klienten während der Untaten in den Vordergrund stellte.

Alex musste im Gericht oft sein hämisches Lachen zurückhalten und dachte: „Der Suff – der Suff war immer da, schon von klein auf. Wenn der Suff tatsächlich für all die Scheiße verantwortlich wäre, dann war sein ganzes Leben eine einzige Farce."

Beschämt und enttäuscht blickt Alex nun auf das Kliniktor. Er ist überzeugt, er hätte etwas Großartigeres, etwas umwerfend Dramatisches am Ende seiner Tage verdient. Er wünscht sich, dass sie ihn in eine riesige Psychiatrie gesteckt hätten. Wie der Jesus in Rio würde diese als monumentales Mahnmal über den einfältigen Bürgern thronen. Eine Depersonalisierungsstörung hätte man ihm, seiner Meinung nach, mindestens attestieren können. Dann hätte er im Hof der Anstalt unentwegt an der Vernunft gezerrt und gerüttelt, also am Zaun der Einrichtung. Denn, ehrlich gesagt, macht nichts anderes die Vernunft aus, außer eben die artifiziell manifestierten Grenzen zum Irrsinn. Wer sich dachte, die Vernunft bekommt man als göttliches Zäpfchen in die geistige Rosette gesteckt, irrt. Nach vielen Jahren des Studiums wusste Alex, dass dort wo die verblendeten Eierköppe die ewigen Ideen vermuten, nur ein Hohlraum ist, gefüllt mit warmer, stinkender Luft aus Ressentiments und Idiotie.

Lange hatte Alex überlegt, was ihm bliebe und was zu tun sei. Er würde voll Pathos ausziehen, um sich den Tod zu holen. Aber dies ginge nicht ohne einen tatsächlichen Abschied. Und der einzige, von dem sich Alex verabschieden kann und muss, ist sein Bruder Askjell.

Und er müsste natürlich schneller sein als die Kultisten von Göbekli Tepe, die wissen, dass er weiß, was der Tod Karl Schmidts wirklich bedeutet.

Askjell und Arndis

Darauf hatte ich mich über ein halbes Jahr gefreut: Die Realverfilmung von „Ghost in the Shell", einen meiner Lieblings-Animes. Ich wusste natürlich, dass ich enttäuscht werden würde, wenn ein großes amerikanisches Filmstudio ein solches Meisterwerk neu aufsetzen möchte. Schon das Auditorium bestand anscheinend vorwiegend aus Halbstarken, die einfach nur Scarlett Johannsen im Latexbody sehen wollten.

Hinter mir scharrte etwas ab und zu, vor allem am Ende des Films. Ein Ende das mich nochmal so richtig frustrieren sollte: Konflikte geglättet, Happy End, doofer Ami-Spruch. Als ich mich umdrehte, sah ich eine Frau mit einer Art futuristischem Monokel. Zuerst dachte ich, das wird so eine Cosplay-Geschichte sein, doch als sie sich beobachtet fühlte, versteckte sie sofort dieses Gimmick.

Oh, dieser Film, eine solche Enttäuschung, war nun vorbei. Ich wollte gerade aus dem Kino gehen, da bemerkte ich, dass die Frau gerade am Ticketschalter eine Karte für die nächste Aufführung des gleichen Films kaufte, die in ca. 25 min beginnen sollte. Kurz entschlossen reihte auch ich mich wieder in die Schlange und überlegte, welchen Platz ich wählen sollte, um sie möglichst gut beobachten zu können. Ich entschied mich für A15.

„Tja, leider die falsche Seite.", überraschte mich die Monokel-Dame. „Du bist ein wahnsinnig schlechter Beobachter. Ich habe gesehen, wie du nur darauf gewartet hast, dass im Film Elemente vorkommen, die dem Original widersprechen und auch dein Stöhnen war nicht zu überhören. Jetzt kannst du aller Welt erzählen wie schlecht Mainstream und wie erlesen dein Geschmack ist." Sie taxierte mich ein weiteres Mal und lud mich auf ein Bier ein. „Wenn ich mit meinen Ausführungen fertig bin, wirst du mit mir schlafen wollen. Bist du gut im Bett?" Ich sagte: „Nein, aber wild entschlossen dich vom Gegenteil zu überzeugen." „Hm, fair enough."

Arndis studierte die Ausdrucksformen von Körpern: Haltung, Gestik, Mimik ...

Neuverfilmungen waren eines ihrer Lieblingsforschungsgegenstände. Dazu ging sie teilweise fünfmal in den gleichen Film. Sie notierte sich zunächst die veränderte Ausdrucksform im Vergleich zum Original. Interessant findet sie, wie diese zu einer Miniirritation im Film selbst führen und wie dabei die Schauspieler agieren. Sie fertigt während des Schauens simultan Skizzen auf Papier mit Kohlestift an und hat dafür eine Art ein- und ausschaltbare Infrarotbrille, das Monokel, um ihre Zeichnungen sehen zu können. Wobei sie meint, dass sie eigentlich nicht auf die Zeichnung schauen muss, ihre Hände wären auch ohne Kontrolle der Augen exakt genug. Arndis arbeitet für jeden Film ein exaktes Körperschema heraus und beschreibt dessen Widersprüche zur aufgerufenen Szenerie. Inzwischen geht sie sogar so weit, dass sie beim letzten Schauen nur noch beobachtet, wie wiederum die Zuschauer auf die benannten Irritationen reagieren, wie sie sich vorlehnen, zum Popcorn greifen, die Augen aufreißen. „Die eigentlichen Unstimmigkeiten fallen Nerds wie dir gar nicht auf. Euch überkommt lediglich ein seltsames Gefühl der Verunsicherung und dann gebt ihr hinterher dem ‚Continuity-Girl' die Schuld, welches ihr euch als kleines Dummchen am Set vorstellt." Ihr schlaues Gerede machte mich tatsächlich ziemlich geil, woraufhin ich Arndis anscheinend irgendwie entgeistert ansah. Sie lachte mich direkt aus und meinte, sie hätte in letzter Zeit schon genug schlechten

Sex gehabt, dass es für ein Leben reicht. Ich solle lieber schnell nach Hause und beim Masturbieren an sie denken. Sie gab mir auf, einen umfassenden Bericht zu verfassen, der genauestens meine Vorstellung über ihr Aussehen, ihre Bewegungen, Gesten usw. enthält. Diesen Bericht wollte sie bis spätestens morgen um zehn in ihrem E-Mail-Postfach finden. Ein weiteres Lieblingsforschungsobjekt von ihr: Sie verglich die nebenbei erstellten Körperschemata ihrer Probanden mit den Vorstellungen über sie während der Selbstbefriedigung. Im weiteren Versuchsverlauf sollte man sich zusätzlich filmen.

Wenigstens konnte ich Arndis abringen, mich stets über die weiteren Fortschritte ihrer Arbeit, cineastisch wie sexuell, in Kenntnis zu setzen. Meine spärliche Sexualität in den Dienst der Wissenschaft zu stellen, empfand ich auf eine besonders masochistische Art tröstend.

Regelmäßig lud ich nun Arndis ins Kino ein, doch meistens kamen wir gar nicht dazu Filme zu kritisieren, weil wir uns noch vorm Betreten des Kinosaals über vermeintlich wichtige Themen des Lebens stritten: Sinn oder Sinnlosigkeit, Gott oder Leere, Unmännlichkeit oder Chauvinismus, Krieg oder Frieden, Trotzki oder Lenin, Gnosis oder Existenzialismus, Sonic oder Mario.

Aktueller Streit: Der Zusammenhang von Gefühlen und Organschäden. Arndis behauptete sogar, sie könne mit der Anwendung ihrer Ausdruckstheorien Lungen- und Leberschäden heilen. „Das klappt natürlich nicht generell, aber bei Menschen, die aus irgendeinem Grund keine Gefühle zeigen dürfen oder können, übernimmt irgendwann der Körper diese Aufgabe. Die Fehlfunktion oder gar das Versagen innerer Organe müssen als Wut, Trauer und vor allem als Zeichen tiefer Verzweiflung angesehen werden."

Eigentlich wollte ich Arndis von meiner Internetberatungsidee erzählen, aber gerade wirkte sie sehr gereizt. Ich meinte nämlich bloß: „Pass bloß auf, dass du mit deiner Scharlatanerie nicht noch jemanden gefährdest." Arndis schluckte und ihre Augen wurden feucht: „Arschloch!"

Sie heulte ein paar Minuten in aller Öffentlichkeit und hatte offensichtlich kein Problem damit. Ich habe noch nie jemanden so selbstbewusst heulen sehen. Noch mit nassen, rötlichen Augen bestellte sie zwei Whisky und setzte sich mit mir an einen ruhigen Platz im Kino. Das war mir ganz recht, denn die Leute um uns sahen mich an, als hätte ich gerade einen Sack voll Hundebabys in den Müll geworfen.

Arndis erzählte mir nun die Geschichte von ihr, einem kleinen Mädchen, das nicht atmen wollte. Sie war drei Jahre alt und hatte den größten Teil ihres Lebens in der Klinik verbracht. In dieser Klinik war sie das einzige Kind, aber die Krankenschwestern waren sehr nett zu ihr und das Krankenhaus selbst war mit den modernsten Beatmungsgeräten ausgestattet. Außerdem hatte Arndis eine tolle Stoffkatze aus dem Westen, der sie alles erzählen konnte. Ab und zu ging es ihr besser, dann kamen ihre Eltern und holten sie ab. Sie vermissten ihre Tochter sehr. Doch meistens hörte Arndis noch auf der Heimfahrt einfach wieder auf zu atmen – also im Eiltempo zurück zur Klinik bzw. gleich den Rettungswagen rufen. Das passierte in regelmäßigen Abständen und jedes Mal waren ihre Eltern voller Trauer und in großer Sorge um ihr Kleines.

An einem der wenigen Tage, die Arndis zu Hause verbringen konnte, weckte ihre Mutter sie schon mitten in der Nacht, zog Arndis an, gab ihr einen großen Koffer

und setzte sie in das Taxi, das vorm Haus parkte. Tränen-
überströmt ging ihre Mutter zurück ins Haus und Arndis
fuhr zum Flughafen. Dort angekommen wurde sie von
einer liebevollen Erzieherin in Empfang genommen und
sie stiegen in den nächsten Flieger nach Veli Losinj in Ju-
goslawien.

Arndis war eines von vielen Kurkindern der DDR.
Die meisten kamen aus dem Süden der Republik. Die
Luftverschmutzung der Industrie hatte sie krankge-
macht. Aber Arndis kam von der Ostsee und war nun am
wundervollen Strand der heute kroatischen Adriakü-
ste[34].

Ihre Tage waren geprägt von ausgiebigen Spazier-
gängen und regelmäßigen Untersuchungen. Sie war zur
Osterzeit dort und suchte mit den anderen Kindern Eier
am Strand. Also im Endeffekt gruben sie die komplette
Küste um. Arndis mochte die Sonne und das Meer, doch
leider konnten auch die Ärzte hier nicht herausfinden,
was ihr fehlte. „Warum hört dieses doofe Mädchen immer plötzlich auf zu atmen?"

Eines Nachmittags beobachtete ein Arzt, wie ein ge-
meiner Junge Arndis ihre Stoffkatze raubte und langsam
kaputt spielte. Der Arzt sah, wie Arndis dies komplett
kalt ließ. Sie saß einfach nur da – völlig unbeteiligt. Der
Arzt, der wohl ein sehr kluger Arzt war, gab Arndis Ge-
sangunterricht. Er erklärte ihr genau, wie sie bei diesem
oder jenem Lied zu atmen habe. Darüber hinaus beschrieb er präzise und umfassend welche Haltung und
Mimik einzunehmen war. Arndis sollte die Lieder mit
dem ganzen Körper singen. Und so sang Arndis fröhli-
che, wütende und traurige Lieder – und erfuhr Frohsinn,

---

[34] Wobei Arndis nie müde wurde zu erwähnen, dass auch die Ostsee-
küste großartig sei: „Baltic Sea for Life."

Wut und Trauer. Jede Woche lernte sie ein neues Lied. Sie sollte sich auch immer ganz genau vorstellen, wie beispielsweise ein alter Mann dieses oder jenes Lied singen würde und wie ein verliebtes Pärchen dazu tanzen würde. All diese Bewegungen und Gesten studierte Arndis ein und übte sie eifrig.

Krieg. Auch in Veli Losinj fielen Schüsse, viele Schüsse. Als Arndis eines Abends vom Gesangsunterricht zu den anderen Kindern zurückeilte, fand sie nur die Ruinen kindlicher Fröhlichkeit vor sich. Sie lief zum Strand und schrie das Meer an. So laut und schrill, dass es den Sirenen die Stimme verschlug.

Arndis war geheilt.

Ich mochte Arndis Anekdote. Es fiel mir ein wenig schwer, mir sie als kleines apathisches Mädchen vorzustellen. Fortan musste ich, wenn ich Arndis traf, immer an Brunhilde aus dem „Ring der Nibelungen" denken[35].

---

[35] Nicht Schuld, nicht Scham,
noch neidischer Blick;
nicht Kummer, nicht Gram,
noch garstiger Spruch:
fauler Gedanken fahles Konstrukt.
Nicht lähmendes Gift
langsamer Griff,
noch kalter Rache
ressentimes Kalkül:
Wo der Schmerz weicht,
soll allein -
Hingabe sein.

Exkurs – Abwesenheit als Selbst- und Fremdentzug

Askjell kommen viele Sachen komisch vor, die anscheinend für alle Welt vollkommen klar sind. So kann er einfach nicht verstehen, warum Paarbeziehungen als Passungsverhältnis gedacht werden, vor allem im Sinne einer Prädisposition à la „Wir sind füreinander geschaffen". Oft wird sogar das Bild von zwei Puzzleteilen bemüht, die zusammen ein Ganzes ergeben. Überhaupt ist die Idee, dass der Andere mich komplementiert sehr prominent. Was hat es damit auf sich?

Wenn ich mich bei jemandem als „Ganzes" fühle, heißt das nicht, dass der Andere mich vervollständigt hat. In der Hingabe zum Nächsten kann man sich verlieren, ja buchstäblich selbstlos sein und deswegen eine Art Erfüllung verspüren. Denn wahrhaft man selbst sein, kann man nur im Anderen.

Diesen Umstand zur Komplementierung zu verklären, folgt bei Lichte betrachtet erst im Nachhinein und wird wie so oft an den Anfang projiziert. In gewisser Hinsicht scheint diese Täuschung ganz geschickt zu sein. So kann man ausgehend von der gemeinsamen innigen Erfahrung der Hingabe einander auf Eigenschaften und Fähigkeiten festlegen, die nun für die Komplementierung einstehen müssen: „Sie holt mich runter und kann mich erden", „Er bleibt stets ruhig, wenn ich wieder aufbrausend werde" …

Das Eingehen jedweder Beziehung ist selbstverständlich ein äußerst risikoreiches Unterfangen. Und gäbe es nicht so etwas, wie das Verliebtsein, sozusagen als Startenergie, gepaart mit inneren Bedürfnissen und äußeren Zwängen, die uns eine Paarbeziehung nahelegen, würde wahrscheinlich niemand mehr zu jemanden finden. Das soll nicht in Abrede stellen, dass es *die Liebe* gibt, doch diese und deren Akteure entstehen ja nun mal erst aus einer Beziehung heraus und, auch wenn das oft so verklärt wird, verursachen sie diese nicht.

Dröseln wir mal kurz auf wie *Ich* und *Du* zueinanderstehen, bevor sie zu *Ich* und *Du* werden: Mein Selbst ist mir zum Teil gegeben, der andere Teil entzieht sich mir schlichtweg, kann aber teilweise vom Gegenüber wahrgenommen und erfasst werden: der Selbstentzug. Ebenso ergeht es mir mit dem Anderen, den ich erkenne und der sich mir gleichzeitig entzieht: der Fremdentzug. Dasjenige, was mir von mir verborgen bleibt, mein Selbstentzug, und das, was mir von mir gegeben ist, stehen in keinem symmetrischen Verhältnis. Also kann man nicht von der wahrgenommenen Seite auf die Form der verborgenen Seite schließen: Sonst könnte, man nicht über sich staunen oder von sich enttäuscht sein. Ebenso verhält es sich mit dem, was mir vom Anderem gegeben ist und was mir von ihm verborgen bleibt, der Fremdentzug. – Erste Asymmetrie.

Zudem verhält es sich so, dass das, was mir vom Anderen gegeben ist, sich nicht mit seinem Selbstentzug deckt und umgekehrt.[36] – Zweite Asymmetrie. Die Verzahnung beider Asymmetrien soll als doppelte Asymmetrie bezeichnet werden.

Der Umstand dieser doppelten Asymmetrie lässt Menschen einander unter den Vorzeichen eines Mangels bei gleichzeitigem Überschuss begegnen. So kann man einander auf ewig entdecken und überrascht werden, aber auch auf ewig enttäuscht und verletzt werden.

---

[36] „Ich sehe was nicht, dass du auch nicht siehst." Das Gelegenheitsspiel aller angehender Phänomenologen.

Das nachträgliche Einsetzen eines dialogischen und reziproken Zueinander wirkt zwar stabilisierend, sorgt aber für die erwähnte Verklärung einer Paarbeziehung als Passungsverhältnis. Man versucht einander fassbar und verfügbar, ja sogar berechenbar zu machen. So kann man im Alltag gut funktionieren, aber das, was man allgemeinhin als *Liebe* bezeichnen würde, bleibt auf der Strecke.

Das ist für sich genommen nicht schlimm. Heikel wird es nun, wenn einem Partner dieses Ausbleiben der *Liebe*, also Ausbleiben des einst erfahrenen überschwänglichen Mangels bzw. mangelnden Überschuss, auffällt. Das passiert meistens, wenn er oder sie durch irgendetwas im Vollzug des Alltags gestört wird – wenn es also gerade „nicht funktioniert". Bis zu diesem Punkt ist alles okay und sogar ein stückweit erwartbar. Das Fatale daran ist aber, dass man sich nun den Weg zurück bzw. hin zum Zustand einer erneuten doppelten Asymmetrie verbaut hat, wenn man die Beziehung unter den Vorzeichen der Passung des Funktionalismus getauft hat. Einfach, da man diese Option, der Rückkehr zur doppelten Asymmetrie, gar nicht im Blick haben kann, wenn die Idee einer Passung gedanklich erst einmal an den Anfang gesetzt wurde.

Da kommen schnell Zweifel auf, ob der Andere wohl noch zu einem passt und ich noch zu ihm/ihr: „Vielleicht haben wir uns auseinanderentwickelt". Und der Andere denkt, warum kann er/sie nicht einfach wieder funktionieren.

Nun beginnt die Beziehung an den Kräften zu zehren und wird zur Beziehungsarbeit mit vorrechenbaren Bezügen und Quittungen. Opfer, die man erbracht hat, werden verrechnet und Fehltritte werden davon abgezogen – und zwar immer wieder und meistens dieselben, aber immerhin zu vermehrt unterschiedlichen Anlässen. Es erwachsen riesige klaffende Wunden und man fühlt sich in der Gegenwart des Anderen augenblicklich wie wundgerieben und möchte bei der kleinsten Geste aus der Haut fahren: „Ich hasse es, wenn du deine Stirn so leicht fürsorglich in Falten legst, als wüsstest du über mich Bescheid", „Hast du tatsächlich gerade deine scheiß Augenbrauen hochgezogen?".

Die Re-Implementierung einer doppelten Asymmetrie, wie sich die beiden in Offenheit, Neugier und Interesse anfangs gegenüberstanden, bleibt meistens aus. Oft weil diese Möglichkeit nicht vor Augen steht, aber auch weil sie ein erneutes Wagnis bedeuten würde, und man sich erneut in aller Verletzbarkeit aufs Spiel setzen müsste – diesmal wahrscheinlich sogar ohne die begünstigenden Begleitumstände des Verliebtseins, die einen einst zusammenführten.

Und da haben wir ihn: den „geregelten Alltag" – funktionieren und Abstand halten.[37]

„Liebe deinen Nächsten, wie dich selbst." Man kann diesen Satz so auslegen, als würde die Liebe zum Nächsten zunächst eine Liebe zu sich selbst voraussetzen, was allerdings nur in einem bestimmten Sinne zutrifft. Dieses *Selbst* bezieht sich nicht auf das Ich oder Ego. Es handelt sich nicht um *Eigenliebe*. Vielmehr bestimmt sich das *Selbst* durch die Wesenheit des *Nächsten*. Was ist aber wiederum die Wesenheit des *Nächsten*? Der *Nächste* zeichnet sich durch seine radikale Andersheit aus, die sich all unserer Vorstellungskraft entzieht.

---

[37] Interessant ist übrigens, dass Paare, die sich gezielt über Datingportalen mit Matching-Systemen kennenlernten, im Nachhinein ironischerweise ihre Beziehungsanbahnung gern den Anschein des Unvorhersehbaren geben: „Das wir uns ausgerechnet da getroffen haben."

Nächstenliebe meint also den ganz Anderen, der wir auch sind, zu lieben, so, dass wir nun auch den Nächsten lieben können. Der ganz Andere, der wir sind, ist die uns selbst vor uns verheimlichte, vielleicht dunkle Seite.

Die eigentlich märchenhafteste, großartigste Liebe, die man sich zwischen Menschen vorstellen kann, ist gerade nicht das komplette Einssein mit dem Anderen, sondern die Annahme der radikalen Andersheit des Anderen.

AAA

Jetzt sollte es so weit sein. Ich brachte Arik mit zum Kino und erzählte Arndis von meiner tollen Onlineberatungsidee. Heute würden wir ein heiliges Bündnis schließen und die Menschheit in ein neues Zeitalter entlassen.

Leider konnten sich Arndis und Arik überhaupt nicht ausstehen. Sie stritten den ganzen Abend und riefen mich dann und wann als ihren Schiedsrichter auf. Mit armen Scheidungskindern kann man vielleicht so umgehen – aber nicht mit mir. Ich ging entschlossen – mit der Begründung, ich müsse jetzt, im Herbst, die Igel bürsten.

Als ich paar Tage später wieder aus meinem Loch herauskroch, begegnete ich beiden. Augenscheinlich an- bzw. miteinander vergnügt. Sie erzählten mir, dass sie nun ein Paar sind und erklärten mir, dass die Zeit der Spielchen vorbei ist. Es kann also losgehen mit dem Aufbau der Plattform. Ich wusste zwar nicht welche Spiele endeten, hatte aber das Gefühl sowieso nie gewusst zu haben, wie dieses Spiel eigentlich gespielt wird.

Zuerst machten wir uns natürlich Gedanken, wie wir so eine Onlineberatungsplattform nennen sollen. Denn der Name ist die Sache oder zumindest dreiviertel davon. Arik meinte, wir sollen sie einfach „Helpline AAA" („Helpline triple-A" ausgesprochen) nennen. Er mochte diese Doppelbedeutung für die „AAA" stand: Arik, Arndis, Askjell und hohe Bonität bzw. generell das Beste. Ich wusste zwar, dass diese Bewertungsform auf Aktien und anderen Wertpapieren angewendet wird und dass diese auch in vielen Games vorkommt, doch ich konnte nur an Waschmaschinen und Kühlschränke denken und deren blöde Energieeffizienz.

Arndis hingegen erinnerte die Zusammensetzung unserer Namen eher an „Captain Planet".

Arik aber war überambitioniert und hochmütig, erzählte jedem von unserer Plattform, druckte Flyer, hing Plakate aus, bespielte alle Social-Networks, stellte Förderanträge und war sogar kurz davor für unser Vorhaben den entsprechenden Ämtern eine Genehmigung abzuringen, die es unseren potenziellen Klienten erlauben würde, unseren Service über die staatlichen Krankenkassen abrechnen zu können. Allerdings mussten wir den Ämtern einstimmig einen gehörigen Mangel an Vorstellungsvermögen attestieren. Arik wurde nicht müde uns an Marilyn Manson zu erinnern: „Von seiner Musik könnt ihr halten, was ihr wollt. Aber der war ein Marketing-Genie." Wir konnten tatsächlich ein paar Fördergelder vom Staat und der EU auftreiben und uns mittels Crowdfunding über Wasser halten. Doch bisher ging alles Geld für Werbung drauf. Zeit endlich die ersten Noten zu schreiben, Manson.

Mein Namensvorschlag vor übrigens „Facing Faithless" bzw. „Faithing Faceless" – ein wahnsinnig brillantes Wortspiel. Und es ging uns ja tatsächlich darum, uns der Verzweiflung zu stellen und ihr ein Gesicht zu geben bzw. unsere Klienten im Horizont ihrer Verzweiflung aufzubauen. Arik und Arndis meinten allerdings im Chor, dass der Name doof wäre und ich könne das englische „th" nicht richtig aussprechen.

Wir besorgten eine Software für E-Portfolios und bohrten diese ein wenig auf. Wir bedienten uns zunächst bei den Kongruenz- und Kohärenzansätzen und verbanden diese mit den fünf pathischen Kategorien unserer Hilfsverben: Wollen, Können, Sollen, Müssen und Dürfen. Es war ein Ineinandergreifen von Therapie, Lebenskunst und Daseinsanalyse. Wir implementierten Zusammenhänge und bildeten ein Kategoriensystem aus. Jeder Nutzer konnte nun seine und die Beiträge anderer Nutzer bestimmten Kategorien zuordnen. Die jeweiligen Kombinationen aus Eigen- und Fremdbewertung bildete ein bestimmtes Muster und aus den Geschichten gleichen Musters konstruierten wir ganze Szenarien, die unsere Klienten durchlaufen konnten.

Und über die Erzählungen kamen wir ins Erzählen und Beraten, ermunterten zur Geschichte von Morgen im Futur II und re-implementierten Situationen doppelter Kontingenz. Vor allem war uns daran gelegen, zu erklären wie man Muster durchbricht, sich selbst annehmen kann und die Beziehung zum Nächsten findet.

„Mach et einfach!" – Arik, der Coach.

„Es könnte doch ganz anders sein!" – Askjell, der Berater.

„Wie würde die Figur morgens aufstehen, zur Toilette gehen und frühstücken?" – Arndis, die Dramaturgin.

Achtsamkeit, Fokus, Triangulieren, Embodiment – all dies lernten unsere Nutzer schnell, brachten es anderen Nutzern bei und so langsam wurde unsere Plattform zu einem lebendigen Gebilde.

Im Nachhinein bekamen Arik und Arndis sogar einen Innovationspreis für die technische Abbildung einer funktionierenden Abstandsbestimmung in multidimensionalen Clustern psychosozialer Dispositionen.

Rückgreifend sei erwähnt, dass wir uns schließlich für Arndis' Namensvorschlag entschieden. Wir nannten unsere Plattform „Zuflucht" – einfach und schlicht. Ein Name der sehr treffend die Aspekte Fürsorge, Sicherheit und Eskapismus anklingen lässt.

Außerdem träumten Arndis und ich, wenn wir gemeinsam betrunken waren und die Welt verfluchten, verklärend von einem Verdammnisort, der gleichzeitig Zuflucht ist für alle Kaputten, Perversen und Geschuppsten, Abgehängten und Ausgestoßenen. Dieser Hort der Verzweiflung würde irgendwann überquellen und das Land heilen. Arik schüttelte zwar immer den Kopf, doch irgendwer musste sich ja kümmern. Zumal der Papst die Vorhölle abgeschafft hatte.

Alex und der Herbst

Es war vielleicht nicht die beste Gelegenheit, aber die Herbstbrise ließ Alex den Mut fassen, um zu verschwinden. Und auch damals, den Blick vom Kliniktor abgewandt, spürte er die Dynamik, die dem nahenden Herbst innewohnte. Alex spürte, dass es kälter werden wird und dass die sonnige Farbenpracht der letzten Wochen nur dazu diente, die Tristes des grauen Himmels und des dicken Nebels noch lebensfeindlicher wirken zu lassen.

Der Herbst überkam ihn schlussendlich mit dem krächzenden Geschrei der Krähen. Für ihn bedeutete Herbst Aufbruch, wo es für den Rest der Welt Rückzug bedeutete. Alex sann diesem Umstand nach: „Sie fliehen unter die Decken, hinter den warmen Ofen, wünschen sich zurück in den Schoß ihrer Mutter und blicken dabei gerne ein wenig tiefer ins Glas. Jedes Jahr überrascht der Herbsteinbruch die kleinen Leute der kleinen Stadt schmerzlich. Im Sommer haben sie noch vom besseren Leben geträumt, davon jemand zu sein bzw. jemand anderes zu sein. Und jedes Mal gefällt ihnen der Gedanke, dass der Sommer der Träume endlos sei und es bald ein gemeinschaftliches Stelldichein gibt, in dem man einander die Träume spiegelt und jeder so angesehen wird, wie er es sich wünscht, aber ohne dabei Gefahr zu laufen, es auch tatsächlich sein zu müssen. Ein Traum vom kollektiven ‚Als-ob'. – No strings attached."

Doch nun beginnt der Herbst und bläst die Illusionen davon. Dies lässt den kleinen Menschen unruhig werden, denn schließlich hat er nichts anderes als seinen falschen Stolz, seine Eitelkeit und Bigotterie sowie das erkaufte gute Gewissen. Kurzum, ihr Glück bekommt Risse und nun gilt es sich in die Infantilität zu verbarrikadieren und mehr denn je die Heimat, die Familie, die Arbeit und das Bier zu beschwören. Wie in einen Teppich rollen sie sich in Bilder einer heilen Welt ein:

Das Bild des Vaters als Volks- und Familienernährer, der auch zu den Kindern aus den anderen beiden Ehen ein gutes Verhältnis hat und dessen besten Tage in der Firma noch längst nicht vorbei sind.

Das Bild der leidenschaftlichen Kosmopolitin, die Mitgefühl mit den Benachteiligten auf der Welt hat und gerne 50% mehr zahlt für die von philippinischen Kinderarbeitern mundgelutschten, ersten eigenen Küche, aus erlesenen Holzsorten zusammengestellt. Ach ja, ihre liebe Tochter und die

Schwangerschaft. Sie weiß weder aus noch ein, aber das Bild bleibt, immer noch die geile Bitch zu sein und gleichzeitig den Preis für die Mutter des Jahres zu bekommen. Und dass der Mann wieder gegangen ist, macht sie bloß stärker: „Ha, der wird sich noch umschauen". Außerdem wird es sich mit der nächsten Beförderung leichter leben lassen und überhaupt: „die Liebe gibt niemals auf."

Das Bild vom besonnen, intelligenten Schriftsteller, der in Wirklichkeit nicht einmal geradeaus reden kann und mehr Videoclips zum Thema „Wie werde ich ein erfolgreicher Autor" gesehen, als Wörter getippt hat. Der sich eingedeckt hat mit uniquen Füllfederhaltern und aus Kartonresten selbst sein Papier schöpft. Das Bild davon, dass den Kram jemand liest und sagt: „Ich verstehe dich."

Das Bild von der netten, alten Nachbarin von nebenan, die jeder mag und wertschätzt, die sehr tolerant und hilfsbereit ist, jedoch im Garten lieber kein Kopftuch mehr trägt, um nicht für etwas Falsches gehalten zu werden.

„Ach, diese Bilder sind ihr Glück", dachte sich Alex und freute sich, dass er von allem Glück befreit war. Und so ist ihm der Herbst ein Aufbruch von der Schwüle des Sommers, die alles im Vagen hält. Der Herbst, der ihn nun befreite und vor dem Tor etwas bereithielt, was erlösende Wahrheit versprach.

Askjell hat keine *Zuflucht* mehr

In der Ära des Wassermanns, ging ein Erlass vom Kaiser Morpheus aus, dass alle Welt sich schätzen ließe. Und ein jeder kehrte sich raus und nahm Haltung an.

Auch die Nutzer der *Zuflucht* konnten dem nicht entfliehen. Sie behandelten ihre Probleme als Herausforderung, entledigten sich gedanklich von ihren Leibern und misstrauten einander. Beim Kreisen um sich selbst eine gute Figur machen, das war das angestrebte Ziel. Nun heimsen sie Achievements ein, für die Abstinenz von Getreide, Aktivität im Selbstmanagement und Teilnahme an Motivationskursen. Einigen wenigen hilft die Selbstkastei – vermeintlich. Diese werden allen Ansprüchen gerecht und erlangen den gesellschaftlichen Highscore. „Und jeder kann es schaffen, wenn er nur will und bereit ist zur Selbstaufgabe – den Leib und den Menschen überwindet." Und so wurden unsere Nutzer zu dressierten, einsamen Tieren und niemand wusste mehr etwas vom anderen. Viele wurden dabei krank, erschöpft und quasiautistisch. Aber dieser Zustand wurde getragen wie eine Trophäe, zumindest von einigen. Der Rest schluckt den Schmerz herunter. Die meisten Menschen wussten nach dem Erlass nicht mehr mit Leid umzugehen. Es wird externalisiert und geht einen nichts mehr an. Nichts geht einen mehr an. Das Selbst wird reduziert auf die Realabstraktionen der Selbstmanagementinstanz: eine breite und tiefe Sünde.

Die *Zuflucht* war nun nichts weiter als eine große Excel-Tabelle, jedes Pathos beraubt. Ihre Nutzer wurden erst zu Amöben und irgendwann blieben sie einfach weg bzw. man vernahm sie nicht mehr. Die *Zuflucht* wurde leer und ist nun Geschichte. Wir mussten den Laden dichtmachen. Wir hatten wohl unseren Anteil daran, dass die Menschen machen, was sie gerade machen. Wir hatten das wichtigste Gebot wissentlich nicht beachtet und sind in diesem Maße schuldiger als alle idiotischen Demiurgen. – Es gibt keine Rettung außer durch *den* Erretter.

Es kommt nicht darauf an dem Leid und der Verzweiflung der Menschen einen geschützten Ort zu geben. Die Gnade Gottes kann man nicht sich selbst geben und schon gar nicht indem man ein Refugium baut, das die Gnadenlosigkeit der Welt bzw. die Unfähigkeit Gnade zu empfangen aussperren soll.

Eine Zuflucht kann keine Heimat sein solange sie der Welt entbehrt. So wird sie zum Un-ort[38], ein Strand, an den man immer wieder landet, ohne tatsächlich „angespült" zu werden. Ein Strand, bei dem man sich nicht traut einzugestehen, dass er längst aller Geborgenheit beraubt ist – ein Strand ohne Meer. Vielleicht war dort mal Wasser, eine Dynamik, ein Ankommen und eine Brise zum Aufbruch, aber das stetige Landen an einen Strand ohne Meer ist blanke Obsession und Verzweiflung!

Die *Zuflucht* war für viele Heimat geworden. Ein seltsamer Ort, geschaffen durch den Einsatz der Nutzer, die sich selbst aufs Spiel setzten im Vertrauen zueinander und dem Zulassen von Verletzlichkeit – aber eine Heimat ohne Welt.

Wir lebten weder hier noch dort – kein Ort und unendlicher Platz.

Es war ein Strand ohne Meer, aber trotzdem ein Strand, wo man ankommt und Erlösung findet. Im weltlosen Sein, bauten wir uns eine Zuflucht im Nichts. Wir

---

[38] wörtliche Übersetzung von „Utopia"

wussten, dass da mal etwas war: Grenzen, die uns trennten und verbanden voller Überschuss und Mangel. Jetzt insistierte grenzenlose Ferne.

Diesen Un-Ort, diese Utopie hatten wir hier geschaffen, wo das Fleisch wieder anwächst und Elend und Leid, das Pathische, in die Erfahrung dringt. Immer noch warte ich sehnlichst darauf, dass sich dieses Elend so hoch auftürmt, dass es alles begraben kann, es keiner ignorieren kann und Qualen in die Herzen spült, die kein Medikament, keine Versicherung, kein Bankkonto und keine Armee lindern kann.

Alex sitzt am Grab

Er saß am Grab seines Bruders Askjell. Alex selbst war leicht lädiert, ausgezerrt und wirkte gehetzt. Mit nichts als einem weißen Männernegligee war er aufgebrochen, um sich den Tod zu holen. „Askjell, es war das Eintreten des Herbstes, dem ich folgen musste. Der Herbst zerstört alle Illusion, dass einem das sommerliche Himmelsdach als Zuhause genügt. Der Wind fegt in mir, macht mich zwar erhaben, aber verscheucht mich auch, da ich keine Heimat habe[39]."

„Meine drei Wünsche habe ich noch frei: Mit dir reden können, Askjell, dem Geschmack meiner Jugend frönen und endlich sterben dürfen."

---

[39] Was Alex nicht wusste war, dass die Zeit des Ankommens und der Heimat längst vorbei war. Wahrscheinlich war Heimat sowieso nie mehr als ein kindisch kitschiger Stolz, der allzu ernstgenommen wurde. Alex war sich lediglich seines Elends und seiner Verzweiflung bewusst und dachte naiv, die würde sich auf den Mangel an Ankunft richten.

Alex hockte noch eine Weile bei Askjell, immer ein Auge offen, um seine Verfolger zu erspähen. Er bat seinen Bruder nicht um Vergebung, sondern brauchte einen Mitwisser, einen Eingeweihten, der ihn verstehen würde. Er gestikulierte raumgreifend, weinte dann und schrie das Grab an als wollte er tatsächlich seinen kleinen Bruder beschwören, ihm beizupflichten. Es wirkte absurd, wie er im Grunde sich selbst versuchte davon zu überzeugen, dass er nicht verrückt war.

Nun blieb aber Askjell stumm wie ein Toter, was Alex rasend machte: „Warum kannst du nicht antworten, du Lappen." Alex zertrat die Büsche und Blumen, versuchte schließlich verzweifelt den massiven Grabstein umzustoßen.

Dies, so stellte Alex, sich selbst erschreckend, fest, wird seine Verfolger anziehen und er nahm seine Beine in die Hand. Zielstrebig steuert er die alte Theatergastronomie an. Alex war voller Vorfreude, weil er sich sicher war, dass dort noch eine originale Flasche seines Lieblingskräuters zu holen sein musste.

Seine besten Ideen hatte und unternahm Alex unter Einfluss dieses tschechischen Kräuterlikörs. Auch das Etablissement kannte er wie seine Westentasche. Am langen Ecktisch saß er immer und schwadronierte über den kommenden Zusammenbruch des Systems und dass es etwas bräuchte, um alle kaputten Seelen aufzurichten – einen Ort und ein Versprechen.

Um sich wahlweise dem Wirt, den Bullen oder einer aufgebrachten Liebschaft zu entziehen, benutzte er oft das kleine Fenster auf den luxuriös gestalteten Unisex-Toiletten. Diesmal sollte ihm das Klo als Schlupfloch dienen, an dem er ironischerweise abwarten konnte bis die Luft sauber war.

In der Stille spürte er nochmals der Ignoranz seines Bruders nach und wurde wütend: „Hättest du nicht deinen Tod an mich abtreten können, damit du leben musst. Es wäre das Leben eines nassen Hundes, den man stets mit Abscheu vor die Tür setzt."

Askjell sitzt im Büro

Später, nach dem Studium und der Eskapade mit der Plattform, saß ich in meinem neuen Job fest und dachte schon das war es.

So hockte ich apathisch, wie so oft, im Büro paralysiert vorm Bildschirm und versuchte ein lebendiges, zwischenmenschliches Miteinander mit ein paar schlechten Tricks technisch und sprachlich zu simulieren, da trafen mich Sonnenstrahlen einer untergehenden Wintersonne unvorbereitet im linken Auge und ein wenig später auch im rechten. Blind für ihre Schönheit drehte ich mich weg und erblickte einen wahnsinnig grazilen Schatten an der gegenüberliegenden Wand. Technisch gesehen war es natürlich mein Schatten, aber ich konnte diese zierliche Figur nicht mit der opaken, teigigen Masse in Verbindung bringen, die ich war. Ich spielte ein bisschen mit dem Licht und zum ersten Mal leuchtete mir buchstäblich ein, warum unsere Mode und öffentliche Schönheitsvorstellung so an Bildern abgemagerter Frauen hängte: Sie sollten Lichtgestalten gleichen, die unseren Leben im Fleisch enthoben waren. Sie müssen nicht essen und haben kein Gewicht in der Welt. Sie sind erhabene Engel. Und wir wollen auch dieses Licht sein oder zumindest daran teilhaben. Und alles was wir schaffen ist Strand ohne Meer.

In diesem Augenblick trat Fjara in mein Büro, vollkommen von meinen Schatten bedeckt mit einer seltsam leuchtenden Silhouette.

Sie war neu in der Agentur und wir beide teilten uns nun einen riesigen Schreibtisch im Büro, das ich bisher allein nutzte.

Askjell, ein Hund und eine Katze

Achtung! Vorsicht!

Einer Sache war ich mir total bewusst und habe sie mir dick, rot umrandet, exponiert in mein Tagebuch geschrieben: „Wenn man nicht so viel mit Leuten zu tun hat, sollte man sich vor mindestens zwei Verhaltensweisen hüten:

1. Den Anderen bei Gelegenheit schwallartig voll zu quatschen.
2. Zu argen Projektionen zu verfallen.

Zu 1.: Man macht sich Gedanken über die Welt. Diese werden jedoch nicht von Erwartungen und Ansprüchen anderer hinlänglich korrigiert, was wohl die Anschlussfähigkeit der Gedanken reduziert. Das Gegenüber hört so wahrscheinlich bloß wirren Kram und weiß nicht so recht was zu sagen. Also hüte man sich vorm Redeschwall, bleibt höflich und hört zu. Bestenfalls sollte man stattdessen schreiben, singen oder Theater spielen, um das Bedürfnis sich mitzuteilen zu lindern.

Zu 2.: Ich träume von den Liebeleien meiner Jugend. Spinne mir viele liebreizende, beruhigende und lustige Szenarien aus. Und wenn ich eines der Objekte meiner Begierde doch ab und antreffe, ist sofort jeder Zauber verflogen. Projektionen können sehr aufregend sein – ja vielleicht sogar inspirierend, aber ich sollte nicht vergessen, dass es lediglich Projektionen sind. Menschen, interessante Menschen, die man gerade erst kennenlernt, sollte ich nicht überträumen, sondern ihnen begegnen wie Kunstwerken: mit interesselosem Wohlgefallen.

Ich hatte mir natürlich sofort ein Schloss an Bildern aufgebaut, denen ich nacheifern wollte und die es hoffentlich vermochten mich in den Augen Fjaras gut aussehen zu lassen. Fjara hingegen sah mich nur einen Augenblick an und begann sofort diese Geschichte zu erzählen, unvermittelt und bestimmt: „Eine Freundin klagte mir ihr Leid, dass so viele Männer über 30 Jahre so pseudodepressiv seien. Sie kommen mit ihrem Leben nicht klar, sind niedergeschlagen und klammern sich an starke Frauen.

Vor ein paar Jahren wären sie noch süß gewesen, niedlich wie kleine Hundewelpen. Sie saßen an der Theke und schauten einen mit ihren großen, traurigen Augen an, so dass man sich dachte, einem dieser armen Tiere will ich heute Nacht Obdach gewähren. Aber nun nimmt sie keiner mehr mit und sie wissen nicht warum.

Männergehabe war schon immer infantil, aber früher eher so im Schützenverein. Heute hingegen trifft man sie allein in freier, urbaner Wildbahn. Niedergeschlagenheit und vor allem das Verweisen darauf ist, ob bewusst oder nicht, ein guter Schutz vorm Leben – vor sich selbst in der Welt.

Es hätte mir schon auffallen müssen, als sich die Pornoformate geändert haben: Vom heißen Mädel zur MILF zur Bemutterung durch die Stiefmutter bis hin zu den weniger explizit sexuellen ASMR-Videos, die einen audiovisuell verarzten, zu Bett bringen oder gar trösten. Und dies alles in einer unglaublichen Länge von bis zu fünf Stunden. Das heißt, der Rezipient lebt regelrecht mit den Video-Avataren zusammen. Ein ganz neues Ausmaß an parasozialer Beziehungspflege wird hier zelebriert.

Und so haben wir sie, eine Theke voller ‚Peter Pans‘, den ewigen Kindern. Weiße, alte Männerstimmen sagen, daran wäre die missglückte Emanzipation schuld, die sich nur vordergründig für Frauen einsetzt und doch bloß mit ökonomischem Kalkül agiert. Die Bestrebung der Frauen-weg-vom-Herd-Kampagne hat die Erosion traditioneller Familienverhältnisse zur Folge, wiederum mit dem einzigen Zweck, auch die weibliche Hälfte der Bevölkerung ausbeuten zu können. Alle vermeintlichen Erfolge der Frauenbewegung gehen demnach nicht auf das Engagement ‚ungepflegter, lesbischer Hosenfrauen‘ zurück, sondern auf das Interesse der Wirtschaft allein (gleiches gilt selbstverständlich für den staatlichen Impfwahn). Und die Alten feixen beim Gedanken, dass den Bossen ihr eigenes Süppchen zum Verhängnis wird. Schlagwort: Frauenquote im Vorstand.

Es ist doch wohl eher so, dass die Männer ihre Infantilität nicht mehr so stark unterdrücken oder kaschieren müssen. Da ist kein Anspruch mehr Verantwortung zu übernehmen oder wenigstens seine Pflicht zu tun. Job und Konsum reichen vollkommen aus. So wird die vermeintliche Befreiung von überkommenen Lebensmodellen zum Zwang keine haben zu dürfen – außer in den Träumen.

Beim weiteren Plaudern und einigen Bieren später machte mir die besagte Freundin klar, dass in einer ähnlichen Weise aber auch Frauen ihre (neue) Infantilität zelebrieren. Zum einen sind dort die ‚Pixie-Girls‘, die Sätze sagen wie: ‚Ich liebe Kinderbücher. Diese strahlenden Farben und süßen Figuren – voll toll.‘ Mädels, die extra nach draußen gehen, um den Regen zu spüren und jeden für den liebevollsten Partner halten, der ihnen ein Mix-

Tape mit den berühmtesten Coming-of-Age-Anime Soundtracks schenkt.

Eine Sorte von Frauen ist hier gemeint, in deren Gegenwart man sich eher als Betreuer fühlt, Betreuer von neugierigen, niedlichen Kätzchen. Ähnlich wie bei ihren männlichen Hundependants, verfliegt dieser Zauber mit den Jahren und aus den niedlichen Kätzchen werden schrullige Catladies – verschlossen in ihren Häusern. Und statt bejahenden Frohsinnes, tragen sie nun eine große Verbitterung mit sich. So lässt nun jede einst süße Gebärde, den Ekel vor der Welt erkennen.

Abgesehen von den Feenmädchen, erscheinen Frauen heutzutage irgendwie ‚übersozial‘ ambitioniert – ja, geradezu manisch, als gäbe es hier einen Ausgleich zu den ‚untersozialen‘ depressiven Männern. Diese überdrehten Frauen nehmen alle Ansprüche einer ungerechten Gesellschaft auf sich. Sie sind kreativ, erfolgreich, begehrenswert und helfen jedem in Not. Sie retten die Welt und nehmen sich trotzdem die Zeit für einen nötig unnötigen Plausch an der Café-Bar. Was aussieht wie eine irre Jagd nach Anerkennung, kann auch einfach bloß Aktionismus im Horizont einer als enorm unsicher wahrgenommenen Welt sein. Entsprechendes gälte für die Lethargie der Männer.

Die Katzen und Hunde bieten sich, wenn sie zusammenkommen, allerdings nur kurzfristig Halt. Das Fürsorge-Anerkennung-Abhängigkeits-Spiel findet meistens früh sein jähes Ende, weil beide immer mehr wollen und es nie wirklich um den anderen geht. Eine ordentliche Drogensucht wäre in so vieler Hinsicht viel ehrlicher.[40]

---

[40] „Koschka i Cobaka walking down the street. Koschka i Cobaka look like a freak", Anale Grande

Ein Kind bedeutet den unvermeidlichen GAU. Die unaufhebbare Verantwortungstriade passt so gar nicht in die liquide, warenförmige Welt, in der wir leben. So kommt es, dass der Dritte die völlige Unterordnung im Sinne überkommener, alter Lebensmodelle einfordert und zwar dezidiert als Spiel und Schein. Es gibt also keine Möglichkeit tatsächlich Ernst zu machen mit dem Partner. Phasen zersetzender Entfremdung treten ein – bleiben über Jahrzehnte. Man bleibt zusammen, denn es ist das Beste fürs Kind.

Und so erwächst eine Generation passiv-aggressiver, feiger Arschlöcher mit Bluthochdruck und Reizdarm. Wahrscheinlich ist dies der Nährboden für die nächste Form von Faschismus.

Und so hatten wir in der Plauderei den Kreis geschlossen und umarmten liebevoll unsere Fettleber."

Sofort war es um mich geschehen. Ich sah uns beide schon, wie wir eine entsprechende Antifa gründen und Kondome in Kneipen und Bars verteilen.

Exkurs – Abwesenheit und die Drei Wege

Wenn nun aber die Abwesenheit selbst verloren gegangen ist, wie bringt man sie wieder ins Spiel? Drei klassische Wege gibt es, aber alle sind gefährlich, können zum Bösen verleiten und brauchen stets Mut, den man sich nicht selbst geben kann.

I.   Hingabe

Man bringt das Nichts zurück, indem man sich selbst aufs Spiel setzt. Die Hingabe an den Nächsten, die Wahrheit oder das Schöpferische kann so etwas sein. Aber sie muss ohne doppelten Boden, sozusagen als Salto Mortale vollführt werden.

Die Gefahr besteht nicht allein darin, verletzt und enttäuscht zu werden oder bitterlich zu scheitern, gar zu verzweifeln, sondern vor allem darin, in eine fatale Selbstzerstörung zu schlittern.[41] In der Ausübung dieser falsch verstandenen Selbstlosigkeit, das eigene Leben aufs Spiel zu setzen, setzt man gerade sich selbst in den Mittelpunkt, genießt die eigenen Wunden und versucht der ultimativen Unverfügbarkeit, dem eigenen Tod, habhaft zu werden, indem man ihm sich selbst gibt.

Offenständigkeit ist hart, aber in der Selbstopferung entzieht man sich nazistisch jeder Beziehungsnahme und damit dem Ver-Antworten. Alles, für das man sich einsetzten möchte, entsteht aus Verbingungen: Nichts wird zuallererst von uns erschaffen oder vernichtet, ohne zuvor die responsive Ebene auszustreichen und getrennt von den Dingen, der Welt und den Nächsten zu verzweifeln.

II. Bedürftigkeit

Die eigene Bedürftigkeit ernst zu nehmen ist nicht einfach. Man müsste sich nicht bloß eingestehen, dass man ab und zu um Hilfe bitten muss, sondern ganz fundamental Liebe braucht – etwas, das man sich nicht selbst geben kann. Die Schwierigkeit besteht gar nicht so sehr darin, diese zu arrangieren, sondern sie dann auch zulassen zu können.

Die eigene Bedürftigkeit und die des anderen ernst zu nehmen, bedeutet auch all den Schmerz und das Leid aufzunehmen, ohne davor zu fliehen oder sich zu betäuben. Das gilt für die körperlichen Gebrechen genauso,

---

[41] Man denke an das glorifizierte Märtyrertum.

wie für das seelische Leid: Streitigkeiten oder nicht wiedergutzumachende verletzende Worte, die sich immer wieder ins Herz schneiden.

Gefährlich wird es, wenn das Leid zur Obsession wird. Dann wird es zur Ausrede das Leben nicht leben zu müssen und was bleibt sind die Wunden, die man immer wieder aufreißt, und schließlich wird man von diesen Ressentiments zerfressen.

III.   Rituale

Es ist schwierig über die Abwesenheit zu schreiben. Noch viel schwieriger ist es, tatsächlich mit dem Unverfügbaren in Beziehung zu treten. Klassischerweise ist dies der Sinn von Ritualen, seien es alltägliche Formen der Meditation oder des Gebets, gemeinschaftliche Prozessionen oder symbolische Akte der Wiedergeburt wie beispielsweise die Taufe oder andere umfassende Zäsuren im Lebensverlauf. Allen Ritualen gemeinsam sind: das Symbolische, die Wiederholung und die Gemeinschaft.

Die Zusammenballung von Bedeutungen, das Symbolische, welches weder ausgedeutet, gar entziffert oder wie eine Wahrheit verkündet werden kann, ist zentral. Im Symbol ist stets das Umkreisen des Unverfügbaren eingeschrieben, so wie das Kreuz Christi. Erst in diesem Umkreisen, dem Abarbeiten am Unverfügbaren und dem Nachspüren seiner Abwesenheit wird das Symbol zum Symbol. So unterscheidet es sich vom Gesetz des Fundamentalismus, dem es zu huldigen gilt und der reinen Dynamik des Funktionalismus. Das Symbol ist in der Welt, was heißt, dass es soziale und kulturelle Impulse der Gesellschaft in sich aufnehmen und somit wandeln kann. Verliert es die Möglichkeit sich zu wandeln, kann es auch den Nächsten nicht mehr verwandeln.

Das Ritual bedarf zudem der Wiederholung, damit man darin eine zeitliche Heimat findet. Eine Wiederholung ist keine Reproduktion des immer Gleichen und sie ist auch keine Routine, gleichwohl sie oft wie diese, alltäglich ausgeführt wird. So wie ein Morgengebet nicht bloß so heruntergebetet werden kann. Man muss sich dem Vertrauten stets neu anvertrauen, offen sein dafür, was passiert und sich selbst rausnehmen.

Oder erklären wir es an dem Wanderweg, wie manche Philosophen und Schriftsteller ihn täglich abgegangen sind. Der Weg lässt sich wiederholen, aber die Impressionen des Sonnenuntergangs oder der Wellengang im Feld müssen immer wieder neu vernommen werden. Man muss sich dem Weg immer wieder widmen, sonst bleibt er stumm und man könnte ebenso gut fünf Runden ums Haus gehen. So wie man sich dem Geliebten immer wieder hingeben muss: offen, um die angesprochene doppelte Asymmetrie zu re-implementieren.

Es handelt sich um ein Wiederkennenlernen des bereits Bekannten. Daran flammt die Liebe auf, schöpft der Geist Inspiration und findet die Seele Ruhe.

Die Wiederholung unterscheidet sich in dieser Intensität von der bloßen Rührseligkeit einer Nostalgie und der damit aufgewärmten Gefühle.

Die Wiederholung steht zudem der Effekthascherei des Neuen diametral entgegen. Denn im ständigen Wechsel zu einem neuen Partner, zu neuer Musik, auf einen neuen Weg und zu einem neuen Selbst steckt doch eigentlich etwas zutiefst ängstlich Konservatives. Am Neuen möchte man ein bestimmtes, da bekanntes, Gefühl wieder empfinden, es gerade im Wechsel auf Dauer stellen: die wechselnden Pop-Sternchen mit dem stets gleichen Stil, die endlosen Serien, mit der immer gleichen Erzählweise und den gleichen emotionalen Auslösern.

Der neue Partner, der hauptsächlich authentisch sein muss, damit man ihn schnell fassen, schnell verliebt sein kann und so nichts der Intimität Einhalt gebietet. Rituale sind nicht authentisch. Es bedarf einer gewissen respektvollen Distanz, die ein Sich-hingeben überhaupt erst ermöglicht. Es bedarf der Ehrfurcht.

Rituale benötigen auch die Gemeinschaft und ein tatsächliches Gegenüber. Man kann sich nicht selbst anbeten oder eine Prozession über digitale Foren abhalten. Man wäre bei einer „digitalen Prozession" wie ein Schwarm aus losen gekoppelten Bindungen, würde in Raserei erlahmen und höchstens hier und da mal einen shitstorm erzeugen. In einer wahren Gemeinschaft hingegen begegnet man einander aus freien Stücken verbindlich, aber ohne jede Abhängigkeit oder Verpflichtung, wie es in der Extremform in einer Sekte der Fall wäre.

Die Schatten von Ritualen sind die verschiedenen Formen der Zuflucht. Diese haben alle gemein, dass sie einen Un-ort, eine Utopie erzeugen wollen, die nicht von dieser Welt ist und versucht nicht in Beziehung mit ihr zu stehen, außer eben in einer rigorosen Ablehnung.

Eine Form der Zuflucht kann ein optimierungswütiger, loser Haufen von High-Performern sein, die immer neue Affekte erheischen möchten, um sich souverän zu fühlen oder an Selbstaffektion quicklebendig zu ersticken.[42]

---

[42] Dass man Luft zum Atmen braucht, die man nicht selbst hervorgebracht oder verbessert hat, macht sie wahnsinnig. Sie tragen Gasmasken, die den eigenen Atem reinigen und wieder einatmen lassen, trinken nur den eigenen Urin, essen nur ihre eigene Scheiße und baden im gleichwarmen Wasser ihrer Körpertemperatur – das ultimative Ziel: die egomanische Nachhaltigkeit.

Eine Zuflucht kann aber auch eine fanatische Gruppe von Fundamentalisten sein, die einen Götzen anbeten, die in der gegenseitigen Bestrafung im Namen ihres Gottes aneinandergebunden sind und sich irgendwann bloß noch rechtschaffend ihrer Zerfleischung hingeben.

Eine Zuflucht kann jedwede Spielform zwischen den zwei beschriebenen annehmen. Sie sind das Böse schlechthin, weil sie versuchen, das Unverfügbare verfügbar zu machen unter den Vorzeichen genau dies nicht zu tun. Die Menschen scheitern daran, sich eine Erlösung geben zu wollen, die sie sich selbst nicht geben können. Das macht sie rasend und gewaltsam raumgreifend wollen sie bestehen bleiben.

Alex ist ernüchtert

Alex größte Not, neben seinen obsessiven, übergriffigen Fantasien, war es, dass das große Abenteuer ausblieb, sein Pathos ins Leere griff und ihn mehr denn je als lächerliche Gestalt zurückließ. Keiner verfolgte Alex, kein Klinikmitarbeiter und schon gar nicht die Kultisten von Göbekli Tepe. Gerade der Suchtklinik war er egal, solange keine Prüfung ins Haus stand. Auf dem Land scherte sich keiner um entflohene Alkis, die würden hier auch überhaupt nicht auffallen.

Die Paranoia blieb, genauso wie die Schlaflosigkeit. Müde und kraftlos ließ sich Alex bei seiner neuen Freundin im nächsten Kaff nieder und wollte zunächst zum Schein ein kleines Leben führen, was wohl bald nicht mehr nur zum Schein so wäre. Das lässt sich nicht immer so genau sagen, denn das kleine Leben ist ja per se ein Leben im Modus des „Als-ob". Aber seinem Kopf wird er wohl nie entfliehen können, ein gigantischer Befreiungsschlag würde ihm nie gelingen. – So dachte Alex und wartete auf das Ende, das es nicht geben würde.

Askjell arbeitet

Die Agentur, für die Fjara und ich arbeiteten, hieß „Gnosis". Sie bot einen speziellen Service für Social-Media-Plattformen an, die eine gesteuerte Streuung von Irritationen brauchten, damit ihre Nutzer die ganze Sache für authentisch hielten oder zumindest unterhaltsam fanden.

Wir erstellten Szenarien mittels Blogeinträge, Liebesbriefe, seltsame Handyvideos, schrullige Kommentare und vielen, vielen Fake-Accounts, die so etwas Ähnliches wie Leben vorgaukeln sollten, aber niemals tatsächlich von der Oberfläche wegführen durften. Wir erfanden Geschichten, die dazu einluden, das eigene Minderwertigkeitsgefühl zu zelebrieren und sich im kleinen Leben einzurichten. Der Nutzer sollte den Eindruck haben einer ganz menschlichen Misere beizuwohnen. Am Ende musste immer die Eudämoniekeule geschwungen werden: „Es gibt kein richtiges Leben im falschen, aber ein So-tun-Als-ob ist allemal drin. Du musst nur auf den Buy-Button drücken." Konsum ist das Anhäufen von Requisiten für ein Leben, von dem man lediglich zu träumen wagt.

Wir ließen die Leute träumen. Diese Arbeit war schlecht und widerwärtig. Aber inzwischen kam es mir emotional so leicht vor, wie ein Bockbier am Vormittag: Erst ist es irgendwie komisch, aber dann genießt man es.

Am meisten Spaß machte mir die Maskerade natürlich, wenn Fjara und ich zusammenspielten. Hier zum

Beispiel in der Neuinterpretation vom „Verlorenen Sohn".

Vorhang auf.

Fjara ist als Susi in verschiedenen Foren und Dating-Portalen vertreten: Susi ist eine bemerkenswerte Frau. Sie schaut viel zu viel auf sich selbst, was mit ihr los ist, was ihr guttut und was nicht. Sie versucht sich in Bildern auszudrücken und glaubt an die heilende Wirkung der Kunst. Ihrer liebevoll zurückhaltenden und aufmerksamen Art kann sich wohl niemand entziehen.

In ihrer Kindheit und Jugend musste sie oft umziehen, denn ihr Vater war einer der berühmtesten Ärzte in der Demenzforschung. Er rettete gewissermaßen die Welt. So wohnte Susi einige Jahre in Stockholm, London, Paris und München, kam ihren Vater aber niemals nah, dessen Aufmerksamkeit und Begehren sie sich so sehr wünschte. – Das Narrativ: *Der entzogene Vater.*

Susi ist als junge Erwachsene eine Frau, die viel Halt in sich selbst sucht bzw. sich diesen wünscht. Trotz einer stark ausgeprägten Achtsamkeit und Selbstreflexion waren energiezehrende Männer, die ihr zunächst Geborgenheit und ein Ankommen versprachen, ein steter Fluch.

Umso intelligenter jemand ist, umso mehr ist dieser in der Lage, sich die aktuelle Situation schön zu reden und Ausreden zu erfinden – und zwar für den Anderen. Kraft ihres Verstandes ignorierte sie Abhängigkeiten, Stinktiere und Giftmischer. Oder wie Susi es immer wieder auszudrücken pflegte: „Mr. X hat mich mal wieder sehr enttäuscht, aber ich weiß, dass unsere Beziehung, ja, dass meine Liebe, dadurch wachsen wird."

Es folgten viele Episoden mit pseudo-depressiven, empfindlichen Blutsaugern, die theatralisch immer im falschen Moment schwach oder stark erscheinen wollten. Immer schwach, wenn Susi am Boden war und immer dann stark, wenn es ihr Aufbäumen zu konterkarieren galt.

Nach einiger Zeit platzierte Fjara geschickt ein kurzes Video von und mit Susi, auf welches man vermeintlich zufällig auf zahlreichen Plattformen stieß. Dem Rezipienten sollte unklar sein, was inzwischen mit Susi passiert war. Das Video zeigte, wie zwei elegante Frauenbeine mit glamourösen High Heels an den Füßen ein volles Babymilchfläschchen malträtierten. Dies geschah in einem leeren Zugabteil. Das Video dauerte fünf Minuten und wirkte nur anfangs verstörend, denn eigentlich war es abwechselnd energisch und verspielt anzusehen: In einem Moment erwischt die Spitze des Absatzes, genau die Mitte der Flasche und lässt diese fast zerbersten und dann wieder rollt sie ziellos zwischen den Fußballen umher. – Ein prägnantes Motiv. Ich habe selten etwas gesehen, was so befreiend wirkt, ohne dabei rigoros zu sein, sondern eher gelassen. Als Zuschauer ist man hin und her gerissen. Einerseits lässt es sich leicht vorstellen, wie eine urbane, emanzipierte Frau auf dem nächtlichen Weg nach Hause in der U-Bahn auf dieses vergessene Kindertrinkgefäß trifft und ihre Ablehnung gegen eine vermeintlich natürliche Mütterlichkeit ausdrückt. Andererseits wirkt es stellenweise so komisch, dass man sich ausmalen mag, wie das dazugehörige Kleinkind gerade auf dem Schoß der Mutter sitzt und einen riesigen Spaß am gezeigten Schauspiel hat.

Im Netz, wo es immer nur ein Entweder-Oder gibt, sind die Fronten bereits geklärt. Die einen sehen im Video einen sexy, souveränen Umgang mit Fürsorglichkeit und die anderen eine verantwortungslose Göre inklusive Untergang des abendländischen Wertekanons.

Als besorgter Bruder „James" habe ich dieses Video zufällig gefunden und verfasse einen Brief an meine Schwester, den ich mit der Community der Zu-kurz-Gekommenen teile und diese bitte, mir einen Rat zu geben, ob ich diesen Brief so an Susi schicken sollte. Darin beschrieb ich, wie unser Vater an Alzheimer erkrankte und sich gerade selbst nicht helfen konnte. Ich malte in allen Farben, wie aufopferungsvoll ich mich die letzten fünf Jahre um ihn sorgte, während Susi das einen Scheiß kümmerte. Dies war umso trauriger, weil er sich dauernd nach ihr sehnte, nach ihr rief und ihr sogar nachtrauerte. Nach seinem Tod vor acht Monaten wiederum hatte Susi nicht getrauert, sondern sich stattdessen dem Alkohol verschrieben.

Let's go! „Geschwisterstreit"

… und zwar auf über ein Dutzend Portalen, Plattformen und Foren, auf denen Susi bereits beliebt war und teilweise richtig gefeiert wurde.

Für Susi waren James' Sorge einfach schlecht zur Schau getragene Ressentiments und das damalige Verlangen, ihres inzwischen toten Vaters, nach ihr, nichts anderes als die Schuldgefühle eines alten Mannes. Susi lebte nun eine ziemlich lange Zeit sehr ausschweifend. Nach ihren Worten wollte sie das Erbe so schnell und sinnlos wie nur möglich verprassen, um einen endgültigen Schlussstrich ziehen zu können.

Das wurde leider ihren Followern zu viel und wir inszenierten Susi neu im Stile Kierkegaards: Auf einen völlig intimen Blog berichtete Susi, wie sie nach außen den Dandy gibt, aber jeden Morgen, wenn sie von ihren urbanen Streifzügen zurück nach Hause findet, bedeutungsschwer über die Untröstlichkeit des Menschen, die

Verzweiflung in allen ihren Formen und dem Salto-Mortale der Vergebung philosophiert.

James hingegen wurde in seinem Selbstmitleid immer rigoroser – lächerlich und dämonisch: „Bilder des Absturzes einer edlen Seele" wird sein Blog heißen.

Frau Laplace-Daimont, unsere Chefin, wollte, dass Susi und James auf dieser neuen, faszinierenden Dating-Site „Kuckuckskinder" anonym übereinander stolpern, sich sogar ineinander verlieben, um zeigen zu können, wie treffend der Algorithmus der Website funktioniere und sie es schafft, selbst den Entzweiten das Glück der Liebe zu schenken.

Vorhang zu.

Die verschiedenen Aufträge, die Frau Laplace-Daimont uns erteilte, ließen jedes Mitgefühl vermissen. Oft denke ich, dass es Menschen gibt, bei denen geht nichts rein und nichts raus. Ich musste mir oft vorstellen, wie wohl die Beziehung zu ihrem Sohn aussehen würde:

„Wir mochten das Autofahren nicht, also fuhren wir mit dem Zug nach Weimar. Sartre wurde im Nationaltheater gespielt. Ich war erst vier Jahre alt und verstand nichts von Bühnenkunst oder Existenzialismus, fühlte mich aber ernstgenommen und wichtig an der Seite meiner Frau Mutter, die ich liebevoll Elise nennen durfte.

Meine liebreizende, wunderschöne Mutter erschrak vor Ekel. Sie hasste es eine Frau zu sein. Das Einzige, was sie noch mehr hasste, war es Mutter zu sein. Sie bedeutete mir, dass sie schnell die Toilette aufsuchen müsse. Sie sagte, ich solle hier warten, sie komme schnell zurück – wenn ich brav bin und nicht weine. So wartete ich knappe vierzig Minuten alleine am Gleis. Ich stand in einer Menge von Pendlern und wurde von blöden Nachfragen genervt. ‚Na, wo ist denn deine Mutter?' Ich sagte nichts und schaute böse. Schließlich kam sie zurück – besonnen, ungerührt – und berichtete mir von dem katastrophalen Zustand der Sanitäranlagen.

Wie andere Eltern mit ihren Kindern umgehen, fand ich schon immer widerlich und niederträchtig. Wahrscheinlich lieben sie ihre Kinder nicht so, wie Elise mich liebt. Stattdessen behandeln sie sie wie zurückgebliebene Idioten und freuen sich, wenn ‚die Kleinen' debil zurück lächeln."

Dreißig Jahre später: „Jetzt sitze ich hier mit dieser wimmernden, kuhäugigen Fotze, die sich als meine Frau ausgibt und einfach nicht verschwinden will. Sie will mich niederhalten mit den Speisen, dem Haushalt und den vermeintlichen Nettigkeiten. Umso gereizter ich werde, desto fürsorglicher und bemitleidender werden ihre Gesten. All dies wird begleitet von ihrem fortwährenden Geheule. – Wenn sie nicht auf der Stelle aufhört zu schluchzen, …"

Auszug aus Karl Schmidts Werk: Ein Weizenkorn mit seiner Weisheit

Wie kamen die Leute bloß vor ca. 13.000 Jahren darauf unscheinbare Grashalme mit einem, im Glücksfall auch zwei kleinen Körnern in der Ähre zu kultivieren? Das ist doch nichts dran, davon wird doch keiner satt und mühsam werkelt man die Jahrhunderte trotzdem munter weiter, bis man einen prallen Ährenkranz als Gabe der Ernte erhält.

Auf dem Land aufgewachsen, standen die weiten, goldenen Roggen-, Gersten- und Weizenfelder stets für etwas äußerst Wichtiges. Man debattierte unter den Bauern, wann wohl der beste Zeitpunkt zum Mähen oder

Dreschen wäre. Sollte man noch etwas warten, weil es doch im Frühjahr zu kalt, zu heiß, zu feucht oder zu trocken war oder sollte man sich lieber beeilen, weil auch im frühen Herbst gerne mal Stürme, Platzregen oder gar Hagel die Ernte zerstören könnten.

Als Kinder watschelten wir oft durch die Felder, versteckten uns oder legten uns hinein, um die Wolken am Himmel zu beobachten – bis der grantige Alte kam und uns verscheuchte. Viele Körner mischten wir ins Futter, damit die Schweine, Enten und Broiler ordentlich fett würden. Wenn niemand hinsah, nahm ich auch gerne selbst eine Handvoll in den Mund und kaute und kaute und kaute bis ein milchiger Brei süß durch die Zähne floss. Später habe ich dies bei Nietzsche wieder gelesen, als eine Metapher für das gedankliche, mühsame Kauen der Philosophen bis die Milch der Erkenntnis einschießt. Aber damals wusste ich nichts davon und stand dem Mehl voller Unverständnis gegenüber. Nicht nur, dass ich bis heute nicht weiß, warum wir Mehl im Haus verstreuen, um die Ameisen abzuwehren, auch wie daraus auf einmal Brot und Kuchen entstehen konnten, war mir ein Rätsel. Der Backofen hatte noch keine durchsichtige Scheibe. Ich öffnete ihn oft, um mir das Mirakel anzusehen. Doch immer, wenn ich hineinsah, war es entweder noch zu früh und auf dem Blech lag einfach nur ein Klumpen Teig oder es war zu spät und der Kuchen sah schon fertig aus. Statt Erkenntnis also nichts Anderes als verbrannte Pfoten und die Ermahnungen der Mutter.

Ungefähr in dem Alter als ich die besagte Metapher lass, war auch die Zeit als das Bier das erste Mal anfing zu schmecken. Bis dahin hatte ich es nur getrunken, weil man das ebenso macht oder stattdessen überaus süßen

Wein – aus dem Tetrapack.[43] Bier trinken hatte so überhaupt nichts von Weisheit. Es lockerte zwar die lahmen Zungen der verstockten Bauern, aber raus kam nur Müll. Da hieß es mittrinken, damit sich auch bei einem selbst der Eindruck breitmacht, man hätte etwas Relevantes zu sagen. Schließlich war man der profanen Welt ein wenig entrückt und kam sich wohl selbst etwas heilig vor. Anders konnte ich es mir nie erklären.

In der Schule wurde uns erklärt, dass mit der Landwirtschaft die Menschen sesshaft wurden und dass dies der Beginn der zivilisierten Welt war. Den Zyklen der Natur und ihrer Unberechenbarkeit hatte der Mensch nun fundamental etwas entgegengesetzt, nämlich seinen Arsch. Und so kannte ich noch die doofen Sozialistensprüche, in denen die Hybris des Fortschritts konserviert war: „Ohne Gott und Sonnenschein bringen wir die Ernte ein." Oh Mann, so ein Bullshit. Vor tausenden von Jahren dachten sich vielleicht die Jugendlichen, die frustriert auf die Siedlung, die Sippe und die langweiligen Felder ihrer Eltern sahen, auch: „So ein Bullshit!" Die haben sich gedacht, wie toll es wäre, jetzt einfach loszuziehen, um ein paar Wildschweine zu erlegen. Die ganze Plackerei wollte ihnen nicht einleuchten, da man ja zu Not auch einfach ein paar Beeren pflücken oder irgendeine Wurzel ausbuddeln könnte. Wildschweine, Wurzeln und Beeren gehören zum Glück noch keinem, dachten sie sich. Die Plackerei nützt nur den Familien der Oberhäupter – die wurden unnatürlich alt: 38, ja teilweise 45 Jahre. Dann ist man alt und unnütz und die Weisheit aus den Mündern der Alten ist auch alt und leer und stinkt. So dachten die Jungen, bis sie anfingen Bier zu saufen, sich mit den Alten gemein zu machen und von

---

[43] „Peter Mertens Domkellerstolz"

Mut und Ehre träumten. Das Weizenkorn machte die Leute also erst schlau und ließ sie sich etwas aufbauen. Im gleichen Atemzug machte es sie wieder dumm und befreite sie aus dem nun zivilisierten Alltag.

Viele Jahre später nippte mein Bruder im Geiste an seinen torfigen Whiskey. Dieser war so torfig, dass man den Eindruck hatte man würde in ein Blumenbeet beißen. Er, schon immer disziplinierter und verständiger als ich, rühmte die Kultur der Whiskeybrennerei vor der Bierbrauerei des dumpfen Pöbels. Jahrelang schwelte zwischen uns ein Zwist über die kulinarische und kulturelle Hoheit beider Getränke. Kulinarisch ging es über das für und wider des genüsslichen Schluck Whiskeys, der sich langsam die Kehle hinab, wärmend im Körper ausbreitet und die Wucht eines Humpen Biers, der den Kopf und den Bauch wohlig ausfüllt. Kulturell festigen sich die Fronten zwischen vornehmer Aristokratie und klösterlicher Frömmigkeit. Einig waren wir uns nur, dass in beiden die Seele zerfloss.

Bemerkenswert finde ich allerdings stets die populäre Stellung Schottlands, wenn es um die Herstellung von Whiskey geht. Auf den Highlands konnte man schließlich kaum Getreide anbauen und aus dem bisschen, was man hatte, wollte man den höchsten Veredlungsgrad rausholen. So wurden sie zum angesehensten Produzenten für diesen Schnaps. Sie hätten natürlich auch das beste Gebäck der Welt erfinden können und haben dies vielleicht auch. Aber der Unverstand, dass die Leute lieber Schnaps als Brot wollten, erschloss sich mir sofort.

Ich konnte zeigen, dass nicht die Sesshaftigkeit selbst das Primat der zivilisierten Welt war: In diesem Sinne war man davon ausgegangen, dass die Menschen mit der Landwirtschaft anfingen und so die Voraussetzungen bildeten für eine kulturelle Weiterentwicklung. Somit hätten die profanen Äcker erst die neuen sakralen Stätten ermöglicht. Ich hingegen konnte darlegen, dass es zunächst einen Totenkult gab, der die Menschen indirekt zur Sesshaftigkeit trieb.

In Südost-Anatolien auf dem Berg Göbekli Tepe nördlich der syrischen Grenze lassen Tempelanlagen bzw. deren Spuren vermuten, dass die Leute sich hier zum ersten Mal vor ca. 13.000 Jahren niedergelassen haben, um zu bleiben. Vorrichtungen und Kammern wurden entdeckt, in denen Getreide gesammelt und fermentiert wurde. Die daraus entstehende, stark alkoholhaltige Biersuppe war zentraler Bestandteil für die orgiastischen Rituale des Kultes. Dieser zog viele Menschen, auch von weit her, an und veranlasste sie zu Sesshaftigkeit und Landwirtschaft.

Ich fand das überaus faszinierend, dass die Notwendigkeit von Alkohol zuallererst den Grundstein für die Sesshaftigkeit bzw. für die sogenannte zivilisierte Welt legte. Ab jetzt trank ich jedes Bier in verklärender Weise in Andacht und Verehrung der ersten Siedler. Dieser Kitsch stößt mir im Nachhinein allerdings bitter auf, und damit meine ich nicht meine Vorliebe für die extra herben Sorten. Denn mit der Sesshaftigkeit tritt der Mensch deutlich aus einer quasi-natürlichen Ordnung heraus. Der Totenkult muss sich also auf etwas bezogen haben, was dieser Ordnung zumindest entbehrt. Die Entfremdung ist zwar dezidiert erst das Hauptproblem der Moderne, aber trotzdem haben diese Ereignisse damals schon den Beigeschmack von Verfall und Frevel. Der Anfang vom Ende, wenn man so will. Zumindest entstand ein Ungleichgewicht mit der Trennung zwischen profanen und sakralen Tätigkeiten und Bereichen. Bier und Ritual waren da einfache Möglichkeiten, um den Bedarf an infantiler Heiligkeit zu befriedigen. Diese Verfügbarmachung des Religiösen ist bester Ausdruck der erwachten prometheischen Hybris. Mit Alkohol und geplanten Festen nach eigenem Ermessen den Toten und der Urmutter nahe zu kommen, statt auf die Gunst der Ahnen, der Natur oder des Schicksals zu vertrauen, war „nett" und bequem und brachte für einige eine Fülle an Macht mit sich.

Alex und Anna

Alex wacht auf und merkt, dass er im falschen Leben ist. Er liegt zusammengekrümmt am äußersten Rand des Bettes und betrachtet die hässlichen Gardinen. Sie sind schlicht und in einen verwaschenen Gelborange gehalten, nur unten etwas verziert. Von draußen dringt das graue Licht eines Novembermorgens durch die Fenster. Die Gardinen versuchen dem tristen Licht Farbe aufzuzwingen, was das ganze Ambiente noch trostloser erscheinen lässt.

Anna, seine Freundin, wollte diese Fensterlappen unbedingt haben. In der nun gemeinsamen Wohnung, die ihr doch Schutz und Ruhe bringen sollte, würde sie das ansonsten verunsichern: Sie meinte, vor nackten Fenstern fühle sie sich so unwohl exponiert. Alex wollte sie anfangs beschwichtigen: „Da ist doch weit und breit keiner. Der nächste Nachbar müsste mit dem Feldstecher dastehen, um uns zu beobachten. Außerdem sind die Fenster so wunderbar meliert, dass da sowieso niemand etwas Klares hindurchsehen kann." Anna aber hielt ihm bloß vor, wie unfähig und ekelig er sei, die Fenster nie geputzt zu haben. In seiner vorherigen Wohnung war das auch nie nötig gewesen, denn er hatte die Rollläden immer unten gelassen und sie lediglich einen Spalt weit geöffnet. So kam das Licht ausschließlich behutsam und funkelnd in die Wohnung. Alex mochte diese Unaufdringlichkeit sehr. Aber umgekehrt mochte er es, die Fenster weit aufzureißen, hinauszulachen und die Welt zu bejahen. Aber dieses Vage, diese Halbheit einer Gardine war ihm einfach zuwider.

Einer von beiden muss verschwinden, entweder er oder die Gardine und Anna gleich mit. Alex hat einen klaren Moment, glaubt er. Er schiebt seine Freundin zur Seite und legt sich großflächig auf den Rücken mit ausgestreckten Armen und Beinen. „Wer ist eigentlich diese Frau und was macht sie hier, seit fünf Jahren? Schließlich kann sie doch mit mir gar nichts anfangen", denkt Alex. In diesem Moment dreht sie sich um: „Mach dich nicht so breit. Du hättest mich ja fast aus dem Bett geworfen." Dann kuschelt sie sich an ihn ran und legt ihre weichen Arme auf seine Brust. Schlagartig wird Alex seine vermeintliche Misere klar: Er mag diese Nähe, er braucht sie sogar, aber er möchte nicht mit Anna zusammenleben. Eigentlich will er mit überhaupt keinen zusammenleben. Zunächst ärgert er sich, dass er das zu lange in einen Topf gehauen hat. Aber wo nun hin mit Anna? Naja, gerade jetzt ist sie hier genau richtig. Leise schnarchend schläft sie in Alex' Armen und bläst ihm ihren schlechten Morgenatem ins Gesicht. Was soll ihr Alex also sagen? „Hey Anna, ich hätte es gern, wenn du noch ein bisschen bleibst und dann gehst und heute Nacht wiederkommst, damit ich deine Arme und deinen Mundgeruch spüren kann." Anna zeigte sich überraschend verständnisvoll, ja sogar forsch befürwortend: „Im Alltag kann ich dich auch nicht gebrauchen. Deine Annährungsversuche nerven mich dann richtig. Die Idee, dich bei mir einziehen zu lassen, war eine der schlechtesten, die ich je hatte. Vor allem kotzt mich deine Lahmarschigkeit an. Wenn ich abends zur Ruhe kommen will, ist ein Wort der Gelassenheit von dir wunderbar wohltuend, aber während ich versuche, geschäftig meinem Tagwerk nachzugehen, würde ich dich dafür am liebsten aus dem Fenster werfen." Alex ist von so viel Offenheit gekränkt und verstummt. Außerdem weiß er nicht, ob er die Situation nun gelöst hat. Auch der lieblose Sex schafft keine leichtere Atmosphäre.

Askjell am Strand

Wir sind oft zum Strand gefahren. Klar, war ja auch echt sehr nahe. Auf dem Weg ging ich immer ein paar Minuten durch einen kleinen Wald bis ich die Meeresbrise roch und anfing dem Wasser entgegen zu laufen. Ich hatte immer viel Spaß im und am Wasser. Aber da ich kein guter Schwimmer war und bin, wurden mir schnell seine Gefahren klar.

Später hatte die See etwas Verheißungsvolles. Weite und Freiheit. Aber vor allem kam man zur Ruhe. Der Gleichmut und die Gelassenheit des Wellenschlags nahmen einem die eigene Wichtigkeit und ließen mich einfach da sein.

Jetzt ist der Strand ohne Meer, als hätte so etwas wie eine Anti-Sintflut eingesetzt und die See ad hoc trockengelegt. Äußerst vage ahnt man, dass etwas zwingend Elementares fehlt. Ich kann nicht zum Strand rennen. Er ist ein Un-ort. Weder ein Ankommen noch ein Abschied ist zu vernehmen. Pausenlose, schrille Stille befällt mich, lässt mich taub werden.

Der Ort als Ort hat sich aufgelöst und somit auch jede Chance zu navigieren: No Exit.

Dies erinnert mich an ein kurzes Theaterstück, das ich vor einiger Zeit gesehen hatte. Auf der Bühne standen vier Stühle, auf denen vier Personen saßen, im Hintergrund ein EXIT-Schild, grün und weiß leuchtend. Ein Bettler betritt die Bühne und fragt jeden der vier anderen einzeln nach dem Ausgang. Daraufhin geben sie dem Bettler etwas in seinen Leinensack – Lebensmittel, Geld, Kosmetik. Dies wiederholt sich einige Male und die Geschenke werden immer wertvoller, die vier fangen an sich zu verausgaben und das Prozedere wird immer obsessiver. Und auch der Bettler wird immer unzufriedener, kaputter und armseliger.

Aus dem Publikum erbarmt sich schließlich jemand, packt den Penner und bedeutet ihn den Ausgang, das EXIT-Schild. Der Bettler wird wild, ja geradezu tollwütig und hysterisch. Er schlägt mit seinem prall gefüllten Sack unablässig auf den Zuschauer ein, selbst als dieser schon längst rührungslos am Boden verweilt. Die Szene nimmt kein Ende, bleibt abartig und wird langweilig. Sie dauert an, monoton und dumpf, bis alle den Veranstaltungsraum verlassen haben.

Ich sah mir alle Vorstellungen an und am letzten Abend war ich es, der auf die Bühne ging, sich totschlagen zu lassen.

Alex und die Musik

Alex wacht auf und merkt, dass er sich im falschen Leben befindet. Dort wo Anna lag, liegt jetzt eine „Almambra 7 C classic OP"- Konzertgitarre, die er jeden Abend streichelt. Anna hingegen liegt jetzt bei Robert, denn er ist einer, der da ist, denkt Alex und dies wird wohl auch so seine Richtigkeit haben. Er liebt den Klang seiner neuen Gitarre. Das Spielen hat er sich mit Videotutorials aus dem Netz beigebracht, fügt inzwischen sogar selbst ein paar Akkorde aneinander und erfindet dafür Texte. Alex fühlt sich gut und richtig, wenn er dies macht – irgendwie weniger leer. Er wünscht sich, er bräuchte nur noch die Klampfe zupfen und traurige Lieder schreiben und dann würden irgendwie ganz tolle Leute erkennen, wie großartig Alex ist.

Auf jeden Fall will Alex nicht aufstehen und zur Arbeit gehen, zumindest nicht in diese Firma – schon wieder. Alex hatte eigentlich Geschichte und Literaturwissenschaft studiert, ist aber irgendwann im Projektmanagement gelandet und hängen geblieben. Nun ist er ein sogenannter Kommunikationsmanager bei einer Agentur zur ganzheitlichen Betriebsgesundung. Als „Ethikexperte" wird Alex zu Unternehmen geschickt, die, nun ja, Probleme mit Regelverstößen haben. Zuerst versucht Alex ein Klima des Vertrauens zu schaffen. Er erklärt den Chefs, wie man so tut als wäre man ein guter Mensch und Vorgesetzter, der gut zu seinen Angestellten ist, Fairness beweist und partnerschaftlich wertschätzend agiert. In dieser Atmosphäre lässt sich meistens viel schneller rauskriegen, wer was verbockt hat, z.B. Gesetze gebrochen, Gelder unterschlagen oder sich hat schmieren lassen. Wenn Alex noch einmal die Wörter „Compliance" oder „Commitment" in den Mund nehmen muss, erbricht er sich über den kompletten Kirschholzkonferenztisch.

Ein Produkt, das zudem gerade sehr in Unternehmen gefragt ist, ist Sinnhaftigkeit. Viele Unternehmen wollen unterstreichen, wie sinnvoll und nachhaltig ihr Handeln ist. Die Wirtschaft steckt mitten in einem Fachkräftemangel und sie wissen nicht, wie sie die verwöhnten Gören in den Betrieb bekommen. Manch ein Personalleiter denkt sich: „Können die nicht einfach, wie ihre Eltern glücklich sein, einen Job zu haben und die Fresse halten." Gerade bei den Ingenieursbetrieben erhofft man sich, dass der Anschein von Sinn und Nachhaltigkeit endlich die jungen Frauen ansprechen würde, von denen bisher viel zu wenige in den Firmen landeten und auch bis vor Kurzem von niemanden vermisst wurden. Alex macht aus klassischen Maschinenbau- und Elektrobetrieben verantwortungsvolle Unternehmen der Umwelttechnik und nachhaltigen Entwicklung. Inhaltlich reicht es dabei schon aus, wenn ein Werkstattmitarbeiter einmal über die Konstruktion eines Windkraftflügels laut nachgedacht hat. Alex fragt sich, warum er noch nie einer Rüstungsfirma zugeteilt wurde bzw. warum diese die Agentur noch nie beauftragt haben. Wahrscheinlich, weil bei keinem anderen Gewerbe der Sinn und die Nachhaltigkeit so im Vordergrund stehen. Oder deren Vorstände sind alle im soziologischen Zynismus ausgebildet: „Ob wir Bomben bauen oder auf dem Land Marmelade einkochen, macht keinen Unterschied in einer funktional differenzierten Gesellschaft. Erst Gewissensbisse erziehen zum Beißen. Also meine lieben Kollegen, seien sie keine ressentimen Stinktiere, sondern Stolz auf ihre Arbeit."

Nein, Alex steht auf. Er denkt sich, irgendwann muss es doch vorbei sein mit dem Zynismus, den man sich zunächst zähneknirschend und dann apathisch aussetzt. Das kann doch kein Lebensstil sein, 8 bis 12 Stunden am Tag Sachen zu machen, die einen anwidern. „Wann darf man anfangen mit dem, was einem im Herzen bewegt – obwohl, das beim letzten Mal ordentlich schiefging. Ich bin auf jeden Fall zu alt, um mir jeden Tag verhageln zu lassen."

Alex setzt sich aufrecht hin und spielt wahllos einige Griffe und einzelne Saiten. Er hat eine ergreifende Vorstellung davon, wie er jeden Tag musizieren wird. Die Lieder, die er kreiert, werden ganz minimalistisch sein, aber nicht trivial. Als einziger auf dem Planeten möchte Alex Musik machen, der man sich zuneigt und der ganz unaufdringlich zugehört werden will – kein Brüllen, keine vertrackten Kompositionen. Alex möchte ganz klar sein in dem, was er macht, und so zupft er behutsam an den Saiten und lässt lange Pausen. Und seine Texte sind nicht sonderlich gehaltvoll, dafür aber zutiefst ehrlich und lassen keinerlei Interpretation zu: „Mein Kühlschrank enthält eine Büchse Sardinen, die nicht gekühlt werden müsste. Aber sonst wäre er leer. Dann würde nichts die unangenehme Wärme und die seltsamen Geräusche, die er macht, rechtfertigen. Sonst wäre es still, aber ich habe noch nicht gefrühstückt." Song #1.

Askjell kackt nicht mehr

So, jetzt ist's aber genug mit dem Kacken.

Ich muss schon sagen, diese Kabine ist ein wunderbar kreativer und produktiver Ort. Ich sollte diese Toilette mal für den Betriebsausflug vorschlagen. Und ich sollte meine Notizbücher und Aufzeichnungen immer mit aufs Klo nehmen – so viele Ideen. Ich glaub Luther war es, der auch 95% seiner Reformation auf dem Abort erdacht hat. Überhaupt wird dem WC bzw. dem Ausscheiden im Allgemeinen viel zu wenig Wertschätzung entgegengebracht. Wenn man Kinder in der Phase der ersten Scheißerei nicht gebührend dafür lobt und stattdessen ihnen mit Ekel und rigoroser Reinlichkeit begegnet, werden sie ein Leben lang Probleme haben, sich "auszudrücken" und schlimmstenfalls ewig mit einem spärlichen Selbstvertrauen durch die Welt streifen. Das nennt sich, glaub ich, Analkastration. Kein Wunder, dass wir als Erwachsene alle wie Duracell-Hasen wimmernd durch die Gegend rennen, wenn Aktionismus doch zumindest den Anschein von Produktivität und Selbstwirksamkeit vermittelt.

Dabei sind wir doch eher oral-gesteuert. So sind wir ständig nach der Suche, dass uns irgendetwas ausfüllt: der Job, die Ehe, die Familie, der Verein, das Steak, der Schwanz, die Fotze (bzw. die Titten, um korrekt zu bleiben beim Thema Oral) und der Schnaps.

Apropos, da fällt mir ein, ich habe ja gleich die Verabredung mit Osrun zum Kräuter-Tasting. Ich sollte vorher noch paar Bier besorgen, sonst trinke ich ihr in kürzester Zeit den ganzen edlen Tropfen weg. Also auf zur Versorgungsstation.

Ich frage mich, was Fjara wohl die ganze Zeit gemacht hat. Hm, sie wollte ja eine *andere Geschichte* erzählen. Das macht mich ein bisschen an, diese Ambitionen und bestimmt menschheitsrelevanten Ideen. Vielleicht sind Osrun und Fjara einfach nur weggegangen, so wie Arik und Arndis einfach weggegangen sind, nachdem wir mit der Plattform so richtig auf die Fresse geflogen waren. Wir hatten damals den Punkt der Schuldzuweisung und Zerrüttung übersprungen und uns einfach getrennt. Beiden wohnte so eine rigorose Natur inne, die sie befähigte komplett mit einer Person abzuschließen, ganz ohne Vermissen und Ressentiments. Umgekehrt bin ich im Kontakthalten auch nicht der allerbeste. Das sehe ich ähnlich wie meine Abneigung Fotos zu machen. Damit meine ich Fotos im banalen Sinne, also von Geburtstagen, vom Urlaub, dem Milchkaffee und liebevolle gemeinsame Momente. Fotos und Videos als Ausdrucksform und Inszenierung sind hingegen super. Meine Erinnerung verarbeitet Ereignisse und gibt sie mir in einer bestimmten Form wieder. Eine Fotografie würde diesen Eindruck verfälschen, künstlich konservieren und immer wieder aktualisieren. Ich aber möchte mich an Sachen erinnern und, vor allem, will ich vergessen können.

Eine Lieb- oder Freundschaft lebt in der Erinnerung weiter und nicht auf Social-Media-Portalen, solange bis sie vergessen wird. Über Medien künstlich aufrecht gehaltene Kontakte sind lediglich das: Kontakte, quasi Zombie-Freundschaften.

Manchmal finde ich mich in Situationen wieder, in denen mir jemand von früher einfällt, ich vielleicht einen Rat brauche oder Lust verspüre nochmal Zeit miteinander zu verbringen. Dann rufe ich denjenigen, nachdem ich die Nummer recherchiert habe, an und es wird gut. Aber ich tue nicht verzweifelt so als wären diese Menschen Teil meiner unmittelbaren Lebenswelt. Und die meisten kommen wohl auch damit klar.

Freunde lässt man gehen und hat manchmal dadurch sogar die Gelegenheit sie neu kennenzulernen.

Askjell redet nicht mit Gaia

3er-Packung Schokoladentafeln wieder vom Laufband genommen. Sie dreht sich zu mir um, der ich hinter ihr an der Kasse stehe. Wir lächeln uns freundlich an und ich lass sie durch, damit sie schnell die Süßigkeiten zurückstellen kann. Erahne genau den Punkt, an dem sie sich wieder einreiht: ein leichtes „Danke" und ein gezielter Griff nach einem Karamellschokoriegel neben mir.

Ein banaler Sachverhalt, der sich im Nachgang als wundervolle Begegnung entpuppt. Von dieser Frau ging eine bemerkenswerte Wärme aus. Wie schade, dass wir so etwas immer erst im Nachhinein erkennen, erst dann bei den Sachen sind. Vielleicht hätte ich etwas sagen sollen. Aber was?

Ihr restlicher Einkauf bestand größtenteils aus Blattspinat und anderem Grünzeug. Erst dachte ich, dass Blattspinat die neue Avocado ist, dass aktuelle Modelebensmittel der Hipster. Auch diese Mütze, die sonst nur Kleinkinder tragen, tat ich als modische Entgleisung ab.

Nun scheint mir doch sehr offensichtlich, dass dieser abwägende Umgang mit Süßem, die selbst auferlegte grüne Diät und die Bedeckung des wohlmöglich kahlen Kopfes auf leibliche Einschränkungen – wahrscheinlich Krebs – zurückzuführen sind.

Aber was sagen? Ich verstehe nun ihr Handeln, also das einer Krebspatientin, und spüre in der Begegnung eine seltsame Wärme. Aber ich empfinde diese nicht in einer verwaschenen fürsorglichen Form. Ich verkläre jetzt den Sachverhalt, weil ich nicht glaube, dass das Erfassen der Invalidität eines Mitmenschen, wenn auch unbewusst, Wärme bei mir erzeugt – sozusagen als eine Art Mitleid. Vielleicht hatte diese Person etwas durchlebt oder erfahren, dass sie diese Wärme ausstrahlen ließ; etwa die Erfahrung der eigenen Verletzlichkeit und die damit verbundene Einsicht von Fleisch und Demut. Mit dieser nun so oft genannten Wärme meine ich gerade nicht das Feuer der Leidenschaft, den sprühenden Funken des Geistes, sondern Erdwärme. Diese Wärme hat eine Geschichte, ist ins Fleisch geschrieben und damit grundverschieden zum Glanz der Sonne. Welche rein ist, unschuldig und der Welt enthoben, aber jene, die Erd-

wärme, ist immanent. Um dieses Gleichnis hier überge-
bührlich auszudehnen: Die Wärme kommt von unten.
Das Licht braucht einen Leib, um Wärme zu werden.
Sonnenstrahlen für sich genommen sind nichts Anderes
als kosmische Pornografie, rein oberflächlich und auf-
dringlich.

Zum gemeinsamen Essen, nach Hause, selbst kochen
– dazu hätte ich diese Frau einladen sollen, die mir wie
die Erdenmutter Gaia persönlich vorkommt. Sie
bräuchte sich keinen Kopf machen, könnte einfach so da
sein. Da wäre Welt. Dort könnte sich ein Meer eröffnen.
Ein Strand, zu dem man läuft. Ein kurzes Ankommen im
langen Nachspüren.

„… bevor ich wieder losmuss, wie wär's, wenn wir
mal was zusammen essen. Ich lade dich ein oder noch
besser: Du kommst einfach mal zum Essen bei mir vorbei.

Ich male dir ein Bild: Essen, so lecker, dass deine
Zunge sich wünscht, sie hätte eine Zunge. Wein, am
Südhang gereift. Man schmeckt noch die Hitze, den Sommer und die frische Luft. Und der Tisch. Auf dem steht
eine Kerze. Und du denkst, du sitzt wieder in diesem
kleinen Familienrestaurant irgendwo in einer winzigen
Gasse in Neapel. Dort, wo die Oma jeden Morgen vor einem riesigen Berg Mehl steht, Eier reinschlägt, ihn mit
Olivenöl beträufelt und dann richtig kräftig durchknetet.
Auch im hohen Alter wird sie niemals Gicht bekommen,
sondern starke, schöne, geschmeidige Hände haben, mit
denen sie auf ihrer Hammond-Orgel spielt und leise
singt ‚I'm on the highway to hell' – So wird es sein und
nichts davon wahr."

Alex und Ahmet

Alex wacht auf und merkt, dass er sich im Leben befindet. Neben ihm liegen 43 Bierflaschen. Die Gitarre hingegen liegt quer in der Wohnung verteilt. Er nimmt eine der Flaschen, hält sie an seine Eichel und pisst. Dann stellt er sie routiniert neben das Bett. Alex kann sich kaum bewegen, hat irrsinnige Kopf- und Gliederschmerzen und drei tote Katzen im Mund. Er weiß nicht was gestern Abend war oder vorgestern oder vergangene Woche: „Ach, was soll schon gewesen sein, ist ja auch egal. Wenigstens ist der Alkohol ehrlich zu mir. Ich trinke zu viel und er haut mir dafür in die Fresse." Alex tastet sich zu seinem Handy durch und ruft bei Ahmet im Döner-Kebap um die Ecke an. Er soll 10 Mollen und einen Salat mitbringen. Das mit dem Salat sagt Alex bloß, weil die aus irgendeinem Grunde keine ausschließlichen Getränkelieferungen machen dürfen, doofes Schankrecht oder so ähnlich. Naja, und der Salat ist halt das Billigste auf der Karte – Eisbergsalat 5 €, ein Export 2,70 €.

Das durchdringende Klingeln an der Haustür ist für Alex wie eine verheißungsvolle Hymne. Halb stehend krabbelt er zur Tür und richtet sich an der Klinke auf, während er die Tür öffnet. Ahmet tritt wie immer zwei Schritte in die Wohnung und stellt die Flaschen ab und darauf den Salat. „Das macht dann 32 €." Alex greift nach einem riesigen Kleingeldglas, die mickrigen Spenden für sein früheres Gedudel: „Kannst es dir rausnehmen. Und den Salat wieder mitnehmen." „Das ist doch nicht dein Scheiß Ernst." Ahmet beginnt verärgert das Geld aus Cent-Stücken zusammen zu pfriemeln. Alex macht sich derweil das erste Bier auf und setzt sich auf den kalten, schmutzigen Boden. „Oh Mann Alex, du bist einfach nur ein kaputtes und widerwärtiges Arschloch. Hör doch mal auf zu saufen und hilf mir." „Du hast ja keine Ahnung Ahmet. Biertrinken ist Schicksal, das habe ich jetzt für mich erkannt. Nachdem ich endlich aufgehört habe zu versuchen, irgendwer zu sein, nuckele ich an der frischen, kalten Gerstenmalzschorle. Es macht mich so herrlich frei vom profanen Alltag und lässt mich vergnügt leicht oder dramatisch schwermütig werden. Ich weine viel, wenn ich betrunken bin und das tut mir gut, dann fühle ich mich stark und wohlig aufgenommen. Im Grunde ist es wie temporäres Zurückkriechen in den Bauch der Mutter, eine Absage ans Leben, um den Tod nicht mehr fürchten zu müssen."

„Hör zu Ahmet, jedes religiöse Versprechen auf Ankunft, Jenseits oder Überwindung spielt auf der gleichen infantilen Klaviatur. Religion ist eine Praxis, um sich dem Hiersein zu verweigern und auf ein Ankommen, Heimat oder eben den Mutterschoß, zu hoffen. Und Bier ist diese Hoffnung und diese Verweigerung in Flaschen abgefüllt."

„Alex, ich trinke nicht – aus religiösen Gründen." Daraufhin bricht Alex in ein geradezu groteskes Gelächter aus und kriegt sich auch einfach nicht wieder ein. „Tut mir leid Ahmet, aber du musst zugeben, deine Erbärmlichkeit ist zum Schreien."

Alex spürt unvermittelt die volle Wucht von Ahmets Faust in seiner selbstgefälligen, grinsenden Fresse, was Alex aber nicht davon abhält sich weiter auszulassen. Er verspürt nun umso mehr eine große Lust an Krawall und Provokation. So labert er lallend, aber im vollen Bewusstsein seiner Verklärung: „Ihr habt eure Kultur verraten, gerade ihr Türken solltet es besser wissen. Denkt an die Tempel auf dem Berg Göbekli Tepe. Dort wurden die Menschen sesshaft. Und warum? - Um Bier zu brauen für ihre orgiastischen Rituale. Vor 11.500 Jahren zwang ein

Totenkult die Menschen zum Stillstand. Die Verweigerung des Lebens mit all seinen Widerwärtigkeiten wurde in Südost-Anatolien zur Geburtsstunde der beschissenen zivilisierten Welt."

Ahmet zertritt die mitgebrachten Bierflaschen und darf mit anschauen, wie Alex den dreckigen, von Scherben übersäten Boden ableckt.

Askjell hört Geschichte

Aufgang Askjell

„Tandaradey", hm, niemand beachtet mich. Fjara und Osrun haben definitiv schon ohne mich angefangen, den guten Becherovka zu trinken. Beide wirken angetrunken und sehr erregt. Ich schenke mir schnell selbst einen ein und schau mal was passiert.

Fjara fantasiert: „Stell dir mal vor, du lebst im letzten Winkel von Böhmen und gräbst deinen Vater wieder aus, der vielleicht gerade mal vor zwei Jahren gestorben ist und dann schleppst du die Leiche inklusive Grabbeilagen vierhundert Kilometer weit. Was muss das für eine Bedeutung für dich haben, dass du solche Strapazen auf dich nimmst. Du bist über zwei Wochen unterwegs, es stinkt und kostet all deine Kraft. Außerdem ist es in den meisten Kulturen auch nicht so gern gesehen, wenn du den Stammesführer ausbuddelst, ewig weit wegschleppst und dann auch noch akribisch auseinander baust."

Beide stoßen mit mir an und Fjara gibt mir kommentarlos einen Bericht mit dem Titel „Gewalt im Ritual –

Gewalt an Toten – Die Krise am Ende der Bandkeramik im Spiegel außergewöhnlicher Befunde[44″] in die Hand:

Von Andrea Zeeb-Lanz

Für die bandkeramische Kultur, die als eine der am umfassendsten und besten erforschten prähistorischen Kulturen Mitteleuropas gilt, dürfte die Grubenanlage von Herxheim der aufsehenerregendste Befund der letzten Jahrzehnte sein. In einem doppelten Erdwerk, bestehend aus zwei parallelen Ringen miteinander verbundener langer Gruben, die eine Siedlungsfläche umgaben, finden sich äußerst ungewöhnliche Fundkomplexe. Diese traten vor allem im inneren Grubenring massiert auf und bestanden zu großen Teilen aus den Überresten von insgesamt mehr als 500 menschlichen Individuen. Neben Unmengen von Skelettresten finden sich in den Fundkonzentrationen außerordentlich qualitätsvolle Keramikgefäße, Felssteingeräte, Silices, Mahlsteine und Tierknochen. Auch eine außergewöhnliche Menge an Knochen- und Geweihgeräten sowie Schmuck und Trachtbestandteile aus Knochen, Zähnen oder Muschelschalen sind Bestandteile der ungewöhnlichen Fundkomplexe in der Grubenanlage von Herxheim.

Das Besondere an den menschlichen Überresten ist zum einen ihre große Anzahl – angesichts der Tatsache, dass noch mindestens ein Drittel der Grubenanlage nicht untersucht im Boden liegt, kann von einer noch erheblich höheren Zahl als 500 Menschen, möglicherweise von bis zu tausend Individuen, ausgegangen werden. Zum anderen wurden die Toten aufs Extremste manipuliert. (…)

Nachdem die Körper in Einzelteile zerteilt worden waren, wurde das Fleisch von den Knochen gelöst, wobei man akribisch

---

[44] A. Zeeb-Lanz, Gewalt im Ritual – Gewalt an Toten. Die Krise am Ende der Bandkeramik im Spiegel außergewöhnlicher Befunde. In: T. Link / H. Peter-Röcher (Hrsg.), Gewalt und Gesellschaft. Dimensionen der Gewalt in ur- und frühgeschichtlicher Zeit. Internationale Tagung vom 14.–16. März 2013 an der Julius-Maximilians-Universität Würzburg. Universitätsforschungen zur Prähistorischen Archäologie 259 (Bonn 2014) 257–259

auch letzte Weichteile von den Skelettelementen abschabte. Letzteres wird durch Leitersprossenartige, kurze und flache Schnittmarken belegt, dies sich vor allem an den Langknochen finden und horizontal zur Röhre des Knochens liegen. Als letzter Akt in dieser völlig ungewöhnlichen Behandlung toter Menschen wurden die nun vollständig gereinigten Knochen akribisch und umfassend zerschlagen. Dies führte zu dem heutigen Fundbestand, der ca. 7500 Knochenfragmente, ganz erhaltene Knochen und Schädelkalotten, Schädelteile sowie vollständige Schädel umfasst. Die Langknochen wurden besonders stark zertrümmert – kaum ein Fragment erlaubt mehr die Rekonstruktion des Knochenumfanges. Auffällig ist bei der Manipulation der Langknochen, dass sich die intensive Zerschlagung deutlich auf die großen Langknochen wie Humerus und Femur beschränkt – kleinere Langknochen, z.B. Tibia und Radius, liegen häufiger ganz oder nur in zwei oder drei Teile zerbrochen vor.

Spezielle Aufmerksamkeit widmeten sie Protagonisten des außergewöhnlichen Szenarios in Herxheim den Schädeln der Toten: Etwa 90% der insgesamt ca. 300 Schädel wurden einer Sonderbehandlung unterzogen. Zuerst wurde mit gezielten Schnitten längs der Mitte des Kopfes die Kopfhaut aufgeschlitzt und dann vom Schädel abgezogen. Feine lange Schnittspuren auf den Schädeldächern verraten, dass diese Aktion mit scharfen Silexklingen durchgeführt wurde. Nach Reinigung der Schädel von sämtlichen Fleischresten und sonstigen Gewebe wurde mit gezielten Steinbeilschlägen das Schädeldach herauspräpariert, indem man die unteren Schädelteile und den Gesichtsschädel abtrennte. Von letzteren fanden sich in der Grubenanlage häufig die isolierten Oberkiefer, deutlich unterrepräsentiert sind dagegen die übrigen Gesichtsteile. Die so entstandenen Schädelschalen, auch Kalotten genannt, finden sich in unterschiedlichen Positionen in den Konzentrationen in der Grubenanlage. Überwiegend sind sie wahllos mit menschlichen Knochenfragmenten, Keramik, Tierknochen und weiteren Artefakten vermischt, nicht ganz so häufig finden sie sich konzentriert zu regelrechten Kalottennestern. Das umfangreichste dieser Kalottennester enthielt nicht weniger als dreizehn Schädelkalotten. Auch für ganze Schädel konnte in drei

Fällen eine wohl intentionelle Deponierung in Form von Schädelnestern beobachtet werden.

Die zahlreich in der Konzentration auftretende Keramik zeichnet sich durch mehrere Besonderheiten aus. Zum einen besticht sie durch ihre außerordentliche Qualität in der Herstellung und der Ausführung der variantenreichen Verzierung. Zum anderen sind – in der Regel in größerer Anzahl – Gefäße mit Verzierungen in acht regionalen Stilvarianten der jüngsten Bandkeramik vertreten. Dass die Gefäße mit Ornamentik, die nicht dem Pfälzer Stil der jüngsten LBK entspricht, an anderen Orten als Herxheim hergestellt wurden, konnte durch Röntgenfluoreszenzanalysen eindeutig festgestellt werden. Neben rechts rheinisch benachbarten Stilprovinzen wie dem Rhein-Main-Schraffurstil sind auch Stilvarianten vertreten, die in bis zu 400 km von Herxheim entfernten Gebieten wie Böhmen beheimatet sind. Die Gefäße lassen sich überwiegend gänzlich oder zumindest in großen Teilen wieder zusammensetzen, was für eine intentionelle Zerschlagung der Keramik vor Ort spricht. (…)

„Osrun meint, dieser Vorgang war einzigartig und ist vor circa 7000 Jahren in einem Zeitraum von nur drei Monaten passiert. Es gab zu der Zeit keinen großen Krieg, keine Hungersnot und keine Naturkatastrophen. Wer oder was sollte also mit dem Ritual besänftigt werden?"

„Da gibt's natürlich noch viel Ungeklärtes, Mystisches, aber eins steht fest: Es handelte sich um einen großen Akt des Friedens und der völkerübergreifenden Versöhnung.", sprach Osrun im Taumel der Begeisterung. „Mit der Keramik und den Knochen zerbrachen sie alte Feindschaften, ressentime Traditionen und annullierten ihre gegenseitige Schuld. Von nun an konnten sich die Stämme wieder frei begegnen, ohne dass es dafür eine vollkommene Zerstörung brauchte, wie eine umfassende Katastrophe oder einer Apokalypse. Es handelte sich um eine tatsächliche Wiederholung im historischen Ausmaß. ‚Künftige Herrscher, dies habt zum Zeichen: die Schädeldächer der Stammesführer aufgestapelt zu Nestern. Im

Tode sind wir alle gleich.'" Etwas überzogen führte Osrun aus: „Das ist so eine Art ‚Soft-Reset'. Man macht
nicht alles kaputt und fängt dann wieder bei null an, sondern klinkt sich kurz aus und macht dort weiter, wo man
aufgehört hat. Aber nach dem Re-Log kann man neue
Patterns ausprobieren, geht mit einem anderen Mindset
ran und lernt das Szenario noch einmal kennen."

„Das Ende von ‚Fight Club' war schon irgendwie
cool, aber im Vergleich wirkt es plump, pseudo-revoluti-
onär und selbstherrlich: Eskapistische Milchbubis pro-
ben den Aufstand, ohne tatsächlich etwas aufzugeben,
außer der Bigotterie ihres Alltags.

Die Kreuzigung – das war 'ne Nummer, da stinkt
auch Herxheim gegen ab. Diese Verschränkung von Immanenz und Transzendenz im Leib Christi als ewiges
Versprechen der Aufhebung des *Getrennt-Seins* bleibt
unübertroffen. Da kann ich gut verstehen, wie sich manche hier ein Leben lang daran abarbeiten und in Empfangen dieser Botschaft einüben können. Ach, diese Wahnsinnigen, die Hals über Kopf in das Geheimnis des Glau-
bens springen, sehe ich gerne, denn sie nehmen ihren
Untergang in Kauf.

Herxheim rangiert für mich gut dazwischen. Es erfor-
dert Solidarität, Aufopferung und Demut. In der Ausführung wirkt es ein wenig martialisch und gewollt, aber
sei es drum. Ich kann mir gut vorstellen, dass auch andere historische Ereignisse, einen solchen Reset zum Sinn
hatten."

Exkurs – Leidträger

Vielleicht glauben die Leute nicht mehr: glauben nicht mehr an Vergebung, Hoffnung oder Gnade. Sie wünschen sich wahrscheinlich nur noch ein Ende – ohne dass ein Anfang gewagt werden muss. Sie wünschen sich einen neuen Leidträger, einen Anti-Jesus, der das Leid in die Welt trägt, es potenziert, es unaushaltbar obsessiv werden lässt. Jemand, der konsequent Ignoranz, Trägheit und Angst schürt, die Verzweiflung bis zum Höhepunkt führt – rasant, brutal, oberflächlich und selbstherrlich.

Und danach folgt Stillstand. Es folgt eine Welt ohne Responsivität: ein Nein zum Antworten, eine entleerte Welt: Die Verlassenheit von der Welt in der Welt.

Heroisch konsequent sein, d.h. in letzter Instanz den Nihilismus befeuern, ein Ja zum Nichts, um diesem auf ironischer Weise so noch ein Stück entfliehen zu können. Die trotzige Einbildung so noch einmal in der Welt zu sein.

Wir werden denjenigen zum König machen, der uns diesen Leidträger bringt und er wird herrschen.

Go fuck yourself.

Askjells Errettung

Ich weilte in Gedanken in Herxheim, während ich Osrun nur dumpf im Hintergrund wahrnahm. Ich stand vor einem riesigen Scherbenhaufen, aus gebrochenen Knochen und zerschlagener Keramik.

Ich spürte eine warme Phosphoreszenz, die jeden Bruch, jede Asymmetrie durchdringt. Es ist das unsichtbare Licht, das Fremde, das Reale, der Heilige Geist, der hier hineinbricht und die Zeit trägt. Statt klaffender Wunden, die uns einst trennten, geht nun ein gemeinsamer Riss durch uns.

„Von nun an können sich die Menschen wieder begegnen und berühren. Einst waren sie allein und niemand kannte den anderen. Jetzt sind alle Mauern eingerissen", flüstert Fjara mir ins Ohr. Fjara flüstert weiter und ich spreche ihr nach, dann sprechen wir so zusammen:

„Wir hocken im Elend und haben Angst,
stehen draußen vor der Tür.
Nur wenn wir, in unserer Verzweiflung,
von uns ablasen und
die Ganzheit Lügen strafen,
werden wir Mensch unter Menschen sein:
Ein Narbenkörper, der eine Lichtung bewohnt.

Durch die Risse, die wir sind, dringt eine Stimme.
Sie hebt in uns an, so mühelos wie klar,
um die Herrlichkeit zu bezeugen.
Unser Reden, Handeln und Denken
ist nichts anderes als ein stetes Antworten
auf ein ewiges Versprechen.
Wir können uns dazu verhalten, aber wir können
diesem Anspruch nicht entfliehen.

Das Versprechen gehört nicht zu den Dingen,
aber es lässt die Sonne jeden Tag aufgehen,
Du und *Ich* jeden Morgen zurückkehren,
auf das wir vermögen, die Welt vorwärtszuerinnern."

Fjara sagt, jetzt wieder in normaler Lautstärke: „Eine andere Geschichte der Geschichte ist möglich. Askjell, lass uns von Momenten statt Monumenten reden. Es ist ein Wiedererzählen, das immer wieder durchlebt und angenommen werden muss. Geschichten müssen erzählt werden."

Ich verstand, dass ein Erzählen, welches als leise verlautbartes, unaufgeregtes Nachspüren vollzogen wird, Responsivität begünstigt. Es kommt darauf an, möglichst beim Erzählten bei der Sache zu sein, so als gäbe es keinen vermittelnden Erzähler oder eine Trennung von Wirklichkeit und Fiktion, Damals und Jetzt. Es gibt nur das gemeinsame Zuhören und Empfangen der Botschaft, so dass man ausrufen möchte: „Ja" und „Ja wahrlich, so sei es", ohne dass man es selbst ist, der dies antwortet, sondern das Wort, das in einen widerhallt.

Askjell erklärt sich selbst: „Die Trennung von Subjekt und Welt ist lediglich eine Realabstraktion. Denn sie entstehen erst aus dem Primat der Beziehung heraus. Sind also Resultat, nicht die Ursache ihrer Beziehung zueinander. Fällt die illusorische Trennung weg, kommt auch der Tod zurück, auf das wir wahrlich leben können. Dann brauchen wir nicht mehr unser Selbst umklammern und können endlich Abschied nehmen."

Und weiter: „Alex, lass uns den Salto Mortale in die Wiederholung wagen, entgegen dem ewigen Gleichen des immer Neuen und des Unglücks keinen Schatten haben zu dürfen. Fjara! Bring mich zurück! Ich bin bereit wieder Idee, Einfall und Stachel zu sein. Und hier, hier lasse doch bitte die Wirklichkeit einbrechen."

Alex im Winterglück

Alex wacht bald nicht mehr auf. Neben ihm liegen vier Hektar Schnee auf einem kahlen Feld. Alex war bitterkalt, schließlich hatte er lediglich ein hellblaues Nachthemd an. Sein Herz jedoch schlug wie verrückt. „Wo verdammt nochmal bin ich? Wie bin ich hierhergekommen? Ich will sterben. Ich will nach Hause, nur nach Hause." Alex dreht sich dumpf und zitternd um sich selbst und versucht sich irgendwie zu orientieren. Sein Gesicht ist verheult, die Lippen ganz blau, Rotze und Blut triefen aus seiner Nase. Um ihn herum ist alles weiß, eine weiße Landschaft, die in einen weißen Himmel übergeht. Nirgendwo sieht man Rauch, die eigenen Spuren sind längst verweht.

Alex weiß, dass er eine Richtung wählen muss, die er dann konsequent verfolgt, um irgendwo anzukommen, wo ihm vielleicht jemand helfen kann. So macht er ein, zwei Schritte in die eine Richtung, aber kurz darauf abrupt drei in eine andere und dann wieder entgegengesetzt. Unfähig eine Entscheidung zu treffen, bleibt Alex trampelnd am selben Fleck. Alex hat Angst, aber vor allem fürchterliches Heimweh. Seine Sehnsucht und sein Schmerz greifen ins Leere. Immer wenn Alex versucht sich zu erinnern, ist da einfach nichts. „Für mich gab es niemals einen Ort, nur Strand ohne Meer." Dieser Gedanke schießt ihm durch den Kopf und Alex fühlt sich so, als wäre seine Existenz überhaupt nicht vorgesehen gewesen. Er hätte nie da sein dürfen und sein Leben war von vornherein ein einziger Fehler.

Alex legt sich in den Schnee und spürt immer weniger, spürt sich immer weniger und die Gefühle und Gedanken sind nicht mehr die seinigen. Ein Lächeln legt sich auf sein Gesicht. Das krächzende Geschrei der Krähen bestätigt seine Wahrheit.

Askjell darf sterben

Plötzlich wurde es Nacht um mich. In der Ferne kündigten die Vögel von der aufkommenden Finsternis in meinem Herzen, das nicht mehr meins war. Elend und Verlassenheit waren das, was ich spürte, eine bitterliche Einsamkeit. Etwas sehr Essenzielles fehlte mir, aber ich wusste nicht was. All das machte mich wahnsinnig.

Der Schmerz war unerträglich und die Angst ergriff mich immer mehr. So sehr ich mich auch zusammenkrümmte, um mich vor der Qual zu schützen, die Arme eng um meinen Torso schloss, auf einen Richtspruch hoffend, der mich unendlich straft und peinigt, so dass ich Blut heule, Nichts wird geschehen.

Da stellte ich mir in meiner Not vor, wie Fjara mich tröstend umarmen würde und wie wir beide in eine mit Daunenbetten ausgelegte Kupferwanne stiegen. Das Wasser wäre milchig-cremig und angenehm warm. Sanft würde ich meinen Kopf in ihren Schoß legen und nicht mehr geboren worden sein – ein Urschmerz hört auf und der Verlust ist nicht mehr, als wäre er nie da gewesen. Fjara wird bitterlich um mich weinen und in ihren von Tränen verschwommenen Blick werde ich mich vollends auflösen.

Diese wohl infantilste aller Fantasien fühlte sich so real an, dass ich mich fast vollständig in sie einzutauchen vermochte, hätten Osrun und Fjara nicht tatsächlich eine Badewanne mit Wasser volllaufen lassen und mich ins Bad gezerrt.

Nur einmal wurde ich von ihnen in das kalte, klare Wasser getaucht und die Realität hatte mich wieder. Hier war mein Schmerz, hier war meine Schuld – kein Wegrennen, kein Sich-wegfantasieren, kein Weg führte daran vorbei, mich der Verzweiflung zu ergeben.

Genau da spürte ich deutlich, wie ich getragen wurde, sanft, aber bestimmt. Oder waren es Osrun und Fjara, die mich hielten?

Alles, was ich hatte warf ich ins Wasser: meine geliebten Notizen, meine Klamotten, mein Haar, mein Fett, meinen knochigen Geist, meine modernden Masken und nicht zuletzt meine eitlen Einbildungen. Schließlich tauchten mich die beiden erneut ins immer klare Wasser, vom Schädel bis zu den krummen Beinen.

Fjara nun mit ehrfurchtgebietender Stimme, ihre ursprüngliche Gestalt annehmend:

„Ja?
Gib dich allzu fort.
Sei wie die Lichtung nur Sein,
Ein dichterischer Ort:
Da.“

„Hört her, Alex ist nun ein anderer! Er steht nackt vor Euch: Hier ist sein Schmerz, hier ist seine Schuld.“

Fjara jetzt Alex zugewandt: „Du darfst sterben, also kannst du nun wahrlich antwortend leben.

– Hier endet der Strand.“

Abgang Fjara.

„Was auch immer geschieht,
das Nichts wird die Seinen wiedererkennen."

J. Baudrillard

Danksagung

„Für eine Kladde muss allein meine Hand in Bewegung bleiben, aber für ein Buch braucht es ein ganzes Dorf."

Ein besonders großer Dank gebührt an dieser Stelle Franziska Brandt, Lysett Wagner, Jana Schön und Irena Schreyer. Dieses unfassbare Zutrauen und die ausdauernde Emsigkeit lassen mich immer noch staunend zurück. Es war eine große Freude und nicht mindere Bereicherung mit Euch an diesem Schriftstück herumwerkeln zu dürfen.

Habt alle vielen, vielen Dank.
… und bis zum nächsten Mal.

Tandaradey
M.